思想觀念的帶動者

文化現象的觀察者

本土經驗的整理者

生命故事的關懷者

心靈工坊 PsyGarden

Holistic

探索身體，追求智性，呼喊靈性
攀向更高遠的意義與價值
是幸福，是恩典，更是內在心靈的基本需求
企求穿越回歸眞我的旅程

減壓，從一粒葡萄乾開始：正念減壓療法練習手冊

A Mindfulness-Based Stress Reduction Workbook

作者—鮑伯・史鐸（Bob Stahl, Ph.D.）、依立夏・高斯坦（Elisha Goldstein, Ph.D.）

譯者—雷叔雲

好評推薦 釋自鼐、李燕蕙、馬淑華、許豪沖、張素凰、楊蓓、蔡淑英

目次

國外佳評

這是一本傑出、有系統、有益而實用的練習手冊，從事其中的練習能帶來幸福，減少壓力並轉化生命。

——傑克・康菲爾德（Jack Kornfield），《智慧的心：佛法的心理健康學》、《踏上心靈幽徑——穿越困境的靈性生活指引》、《狂喜之後》、《洗濯》的作者

鮑伯・史鐸和依立夏・高斯坦將智慧的洞見和實用的練習織成織錦，可轉化你的生命，甚至助你建立更強壯的大腦。作者從擔任正念減壓老師得到靈感，提供循序漸進的方法，將有科學根據的方法帶入你的日常生活。正念已證明可減少我們的壓力、恐懼和焦慮，並培養更多生命中的自在、連結和健康，這本練習手冊使正念易於了解，並提供詳細計畫使生命更健康、更有意義。把這些智慧和修行帶入生命，沒有比當下更好的時刻了。何不現在就開始？

——丹尼爾・席格（Daniel Siegel），加州大學洛杉磯分校正念覺知研究中心共同執行長，《心視》、《喜悅的腦：大腦神經學與冥想的整合運用》的作者

鮑伯・史鐸和依立夏・高斯坦在這本絕佳的著作中，提供每一位讀者智慧、清晰、循序漸進的引導，以培養個人的正念修行，並將所獲得的覺知，應用於生命的壓力和困難。本書和喬・卡巴金的《當下，繁花盛開》應一併閱讀。

——傑佛瑞・布蘭特利（Jeffrey Brantley）醫生，杜克整合醫藥的正念減壓課程主任

這本練習手冊資訊豐富，甚有助益，易於使用。其中充滿實用的方法，使練習者保持進度，相信所有讀者都會受益。

——雪倫・薩爾茲堡（Sharon Salzberg），《慈愛：革命性的喜悅藝術》、《不要綁架自己》的作者

這本好書卸下心的重擔，釋放天生固有的智慧，打破抗拒，開放心中的蓮花，是結束瘋狂的方法。

——史蒂芬・拉維（Stephen Levine），《誰會死？》、《如果只有一年》、《不受注意的悲愁》的作者

我們生活在壓力社會，許多人甚至對自己的壓力而感壓力，眾多的書籍給我們更多訊息，但《減壓，從一粒葡萄乾開始：正念減壓療法練習手冊》更有幫助，它牽起你的手，循序引導。如果你要生命更平衡、更平靜，少些壓力，多些喜悅，我極力推薦這本美妙的供養。

——約翰・羅彬斯（John Robbins），《100歲仍健康》、《新世紀飲食》、《重獲健康》的作者

動手做課程最大挑戰就是提供練習，使人們願意停下其他工作來做，本書很有技巧提供練習，還附有空白之處，提醒讀者：「這部分就看你了！」我想讀者會很有信心課程定

有效果，而立即開始練習。

——希薇雅・布爾斯坦（Sylvia Boorstein），《快樂是內心工作》、《比你想的容易》、《有點好笑》、《你看起來不像佛教徒》的作者

本書是改變生命的正念練習絕佳的導引，書頁中你會發現不見的碎片、隱藏的真理和開放的祕密，正念拯救了我的生命，轉化了我的世界。本書提供健康、快樂和解脫的關鍵，閱讀它、練習它，並得到解脫。

——諾亞・拉維（Noah Levine），《佛法龐克》、《逆流》的作者

閱讀這本寫作流暢、助讀者走上新的平衡之路的重要著作，多麼喜悅。對有興趣了解多一些內容的人們，本書包含醫學、心理學、神經科學和教育等多重領域，澄清正念禪修的重要觀念，使我們心胸大開。只想減少壓力和焦慮的人士，會發現本書是很好的佐助。在正念減壓課程中學習的人士會發現本書增添了珍貴的參考，《減壓，從一粒葡萄乾開始：正念減壓療法練習手冊》為正念減壓課程的每個人——從初學者到資深的老師——增加了正念修行的深度。

——瑪莉恩・索羅門（Marion Solomon）博士，終身學習訓練學院主持人，《親密關係中的愛與戰爭》的作者

本書和附上的禪修指導MP3光碟，對正念修行如何有效減壓提供絕佳的概觀。

——艾倫・瑪拉特（G. Alan Marlatt）博士，華盛頓大學成癮行為研究中心教授和主持人

鮑伯・史鐸和依立夏・高斯坦的《減壓，從一粒葡萄乾開始：正念減壓療法練習手冊》是實用、易於使用的正念禪修和減壓的指引，如果你覺得生命失衡，缺乏遠大觀點，如果你覺得腳步太快，不知如何慢下來，如果你有壓力有關的健康問題，本課程——附有絕佳的CD，並介紹創意的線上社群——是獻給你的。我很興奮這份清明、慈悲和智慧，將藉著這本優秀又能轉變生命的指引呈現給廣大讀者。

——羅拉・戴維斯（Laura Davis），《療癒的勇氣》、《我以為我們不再講話了》

這對有興趣減少生命中壓力的人，是不可思議的資源，我們生活在易於感到招架不住和沮喪的世界裡。這本練習手冊和附帶的MP3光碟是我知道最好的資源，在眾多力量將我們推至失衡時，助我們保持全心臨在與平衡。我對諮商對象、專業同業，以及任何想在生命中擁有更多的安心、輕鬆和喜悅的人極力推薦本書。

——傑德・戴蒙（Jed Diamond）博士，《易怒的男性病徵和男性更年期》作者

這本練習手冊對走上正念道路的人士提供一份清晰並易入門的伴讀，鮑伯・史鐸和依立夏・高斯坦以豐富多樣的正念練習和思惟，專業地引領讀者，提供珍貴工具，以處理壓力並以臨在當下和心來過生活。

——塔拉・布萊克（tara Brach）博士，《全然接受這樣的我》作者

鮑伯・史鐸和依立夏・高斯坦在這本絕佳的練習手冊中高超地將正念帶入生活，本書對想開發更多健康、生命力和平靜的人士，是了不起的資源，我極力推薦。

——蕭納・夏比羅（Shauna L. Shapiro）博士《正念的藝術和科學》合著者

推薦序

做自己生命的主人

蔡淑英（正念減壓課程認證導師）

「正念減壓療法」（Mindfulness-Based Stress Reduction 簡稱 MBSR），於美國最早由喬・卡巴金博士於一九七九在麻省大學醫學中心開設的減壓門診；並設計正念減壓療法，協助病人以佛教正念禪修處理壓力、疼痛和疾病。簡言之就是運用正念覺知緩解身心壓力的療法，此方法獲得多方的肯定。一九九五年將減壓門診擴大為「正念中心」（Center of Mindfulness）之後，並召開學術研討會，積極研究正念修行的療癒力量，將它整合至醫學、保健和社會之中。三十多年來，卡巴金博士創發的「正念減壓療法」被醫療機構、學校、企業及監獄等機構廣為運用。

面對現在快速變動的E世代，人類面臨的內外壓力和挑戰何其深重。根據美國二〇〇八年國家心理健康研究中心的統計，就有四千萬人苦於焦慮症、壓力和焦慮，同時影響身體的健康，而且造成許多疾病如：心血管疾病、癌症和身心官能障礙等。不但影響個人生活品質和增加經濟的負擔，相對地也造成社會醫療成本的提高。台灣社會目前所面臨的壓力問題也不遜於美國，在報章所報導的猝死症、躁鬱症、憂鬱症、自殺率、癌症等身心疾病愈來愈多；而精神科門診和診所也有增加的現象。因此處理壓力問題，已是當前中西社會共通面臨的迫切問題。

作者之一鮑伯・史鐸博士是我「正念減壓師資訓練課程」的老師。他是一位很有禪修經驗的老師，從事正念減壓課程的教學已有十餘年的經驗。我參加師資受訓當時，本書尚未出版，上課時鮑伯給我們的英文教學手冊，是影印的講義和每週練習大綱以及有聲光碟。到二〇〇九年鮑伯和依立夏・高斯坦博士合著的這本練習手冊終於出版。正如作者所言：這本工作手冊曾受到麻薩諸塞大學醫學中心正念減壓課程的先驅者喬・卡巴金博士，和助手薩基・桑托瑞利（Saki Santorelli）博士所啟發，課程的理論和練習方法主要是參照兩位前輩。不過兩位作者也加入一些練習項目和作業，以及提出在練習過程中較常發生或可能發生的問題，這些增加內容的作用和利益。

這本富有教育和實驗價值的練習手冊，將介紹正念禪修這種簡單而深刻的修行，以減低內心痛苦，增進平衡和寧靜，這些工具都會有助於你在處於壓力、痛苦和疾病時，都能擴大自己的生命和經驗。雖然，這本書並不能取代課程，正式課程包括：一、練習，二、教授，三、團體互動這三大部分，但是對於想參加正念減壓課程的人士，或是從事這方面教學的老師、臨床心理師，臨床醫生和教育工作者，都是一本很實用的輔導和自修手冊。縱使無法參加正式課程，用來自修也能從中得到相對的利益。

本人有感於故鄉台灣，社會上有許多因壓力受苦的人，急需這方面的幫助和處理，而當時國內尚未有此課程之開設，故自二〇〇八年在加州聖何西市O'conoor Hospital醫院受過「正念減壓師資訓練課程」之後，便積極回國推動此課程，每年受邀於不同團體，回國介紹「正念減壓療法」，今年三月至五月也正式完成八週的課程。我個人在教學過程中亦主要參考此本練習手冊和一些其他相關輔助材料。

此本手冊的組織結構是循序漸進、有系統、有經驗性的設計課程，因此讀者或使用者須依序有耐心地照著做，而且持續練習是最重要的事。為了增進你的身心的健康和生活福祉，歡迎你一起來參加這趟生活和生命探索之旅。正如薩基所說：邀請你來看、來聽、來觸、來嚐、來嗅、來想我們活著生命的每一片刻。俗語說：羅馬非一日造成，同理，改變非一日可躋。當你的練習能和生活連結，甚至打成一片時，你會感激正念修行帶給你的生活和生命上的改變和利益，也能成為自己的專家，做自己生命的主人。

因此，我非常欣見中文版的練習手冊即將上市，更樂見將會有更多華人從中獲得學習和助益。

譯者序

發現之旅

雷叔雲

晨光序曲

窗格上，晨光因樹影而有了律動。窗內，地板的橡木紋理上鋪著一塊塊瑜伽墊。一個個聚精會神的學生，眼光都投向印度老師薩琴。我在瑜伽墊上，學習柔軟，學習平衡，學習放鬆，學習正念。我不在意動作遠不如薩琴那樣神乎其技，卻總喜歡視瑜伽教室為我的正念教室，一如《減壓，從一粒葡萄乾開始：正念減壓療法練習手冊》中將正念與瑜伽打成一片，或者說，正念與生活打成一片。

薩琴在早課結束時，總是說：「……看如何能把這一份平靜與和諧帶到這一天。祝大家早安！」好似正念瑜伽之後，一天方才真正開始。晨間，有人總要來杯咖啡才甦醒過來，若換飲一段香醇濃郁的正念時光，會不會也同樣提神醒腦？咖啡只管一個早晨，正念時光不僅管用一天，甚至一生，這本手冊就是這樣一頁一頁揭露正念的奧祕。

壓力環伺的年代

瑜伽學生在晨課之後，就得各自奔赴壓力環伺的生活模式。「我太忙，壓力太大，吃飯又不定時，結果鬧出胃潰瘍。」類似的話很耳熟吧？這段話點出了一樁鐵的證據：心身交互影響，而且壓力有損身心健康。這已是不爭的事實，然而，在壓力面前，難道我們只是束手無策的孩子，任壓力予取予求？

坊間有不少壓力管理課程，傳授各種方法，於是，分析優先順序、謹守並籲請他人尊重自己設下的界限、寫作壓力筆記、袪除負面或無益的思考、開發正向思考、了解自己的強項、加強綜合整理紛雜資訊的能力、調整內在能力與外界挑戰的落差等，乃至克萊蒙研究大學彼得・杜拉克和伊藤雅俊管理研究所米哈里・契克森米哈賴（Mihaly Csikszentmihalyi）教授所提出的「全心沉浸的心流」（flow state或 being in the zone）〔註1〕，趨勢專家艾文・托佛勒（Alvin Toffler）所提出的找尋人、事、地、觀念、機構等「穩定專區」（stability zone）〔註2〕等等，有的從改變行事習慣著手，也有的從改變思考或意識慣性著手，各派紓壓祕笈多多少少都能提高快樂指數。

「正念減壓」看似不過是另一種壓力管理的方法，實則它不同於其他課程皆有積極作為，反是減少作為，乃至於不作為。這是喬・卡巴金博士，於一九七九年在麻薩諸塞大學醫學中心首創，原為輔助醫療，開發病患身心的潛力，以減少疼痛與不適，採行的醫院至今已有兩、三百之譜，本書便是為整個八週課程所設計的自我練習手冊。類似的課程尚有晚近從「正念減壓」衍生出來的「正念認知療法」，為一九九二年由加拿大多倫多大學的辛德・西格爾（Zindel V. Segel）教授、英國牛津大學馬克・威廉斯（Mark Williams）教授及英國劍橋大學的約翰・蒂斯岱（John D. Teasdale）教授結合「正念減壓」和「認知行為療

註1　見其著作*Flow: The Psychology of Optimal Experience*。該書簡體中譯本名為《幸福的真意》，二〇〇九年、《當下的幸福：我們並非不快樂》，2011年，均為中信出版。

註2　見其著作 *Future Shock*。該書中譯本名為《未來的衝擊》，時報出版，一九九四年。

法」而成，主要針對憂鬱症患者，亦為八週課程。兩者的靈感都源自佛法中的正念修行。

心的訓練

壓力從何而來？是難纏的人？是截止期限？還是資訊超載？如果我們已養成習慣，把這些當做「壓力來源」，不假思索便以恐懼、焦慮、懊悔、抗拒、逃避、期待、追逐、愛執，或戰或逃，或迎或拒，來配合演出，這些「壓力來源」自然不請自來，長驅直入了。我們平日多只見到「壓力來源」，於是產生「壓力感」，然而，我們可曾試過轉而注意於身心上的「壓力感」？由於壓力感並非壓力來源，它是不會產生壓力的！這也就是說，我們平日的注意力都在客觀世界中打轉，如果將主觀經驗也當做客觀世界一樣來觀察，我們將會開展出一片美麗新世界！這正是正念的特點之一。正念其他的特點是：平靜卻警醒，安住當下卻保持開放，專注卻不抓取，觀察並覺知而不加批判和詮釋，直接親驗而沒有概念的形成和增生。

正念，能揭露一切現象稍縱即逝、剎那生滅的普世本質，也揭露成事要靠因緣條件水到渠成的自然軌則，非一己所能掌控，於是我們鬆脫了一切「非得照我喜歡的方式不可」的心態，解脫而且自在。用這樣柔軟放鬆的心態去行事，反而出現無比的創意和效率。幸運的是，只要活著，身心上便有呼吸、生理覺受、內心感受、心的狀態等最佳的正念練習場。若對身心的種種現象開始有所覺知，隨明度日漸增加，速度日漸增快，則所謂「壓力來源」到「壓力反應」之間的空間便如逐漸綻開的雲縫，一點一點露出光照，在這逐漸寬敞明亮的空間中，我們愈有餘裕來覺察、審思、決定如何做「壓力回應」，來安頓自心並處理人事，選擇權便重新回到我們手中。

本手冊以正念修行為圓心，畫出一圈圈有階次的課程結構，輔以豐富的練習和生動的實例，又由於作者的心理學背景，本書也朝向心理治療、教育、大腦神經科學等多重領域延伸。

減壓之外

正念固然是練心，然佛教經論中亦提及正念能減少身苦，有益健康，且令容貌愉悅，這是正念減壓應用於疾病和疼痛的有力依據。譬如說，

《大般涅槃經》記載佛陀一次大病時，「透過精進去除這個疾病，著手修復生命力而安住，於是世尊的疾病止滅」，佛陀也曾指示弟子「探問病者，令生正念」。阿那律聖者重病時也說：「心善立住於四念處時，身體已生起的苦受不能侵擾我的心。」

近代禪師馬哈希尊者（Mahasi Sayadaw, 1904-1982）所講述的《法的醫療》（Dhamma Theray）一書記載了四十多位內觀修行者疾病自癒之例。

烏巴慶尊者（U Ba Khin Sayadaw, 1899-1971）在演說中提到健康為佛教禪修的副產品。

葛印卡（G. N. Goenka）老師親身經歷修禪後嚴重的偏頭痛不藥而癒。佛弟子在禪修，乃至聞法之後，往往「諸根明淨，貌顏清淨皎潔」（註3）。本書的慈心禪部分提醒我們，《慈效益經》（Mettanisamsasuttam）中也說慈心的利益有「面容光潤」一項，而面容正反映身心健康狀況。

本課程和本書是正念初學者很易「上手」的「下手」處，然而正念修行要走得既深且遠，有幾個要點超越本書範疇，在此略提一二。

其一，正念可用以減壓，卻不限於減壓，正念原為更廣大的心智目標——解脫煩惱、證悟實相——而設，當然，正念日深，煩惱日減，壓力無疑日少。

其二，正念減壓課程雖具心靈修行效果，然正式的正念修行相較於本書為減壓而設的正念修行，強度仍然有別，密集禪修中，醒著的時刻多用於坐禪和行禪，行住坐臥動靜語默也無非生活禪，正念綿密不絕。

其三，正念是佛陀教導的修行方法（三十七道品）中的一環，正念修行必須放在整個修行架構中才能顯現真正修行的效力，譬如說，正念之下必須有正當的語言、行為及營生之計（正語、正業、正命）為道德支架，使安心喜樂，正念之前又必須有正確的見解（正見）為前導，如人有目，方能舉步邁向正確方向。

發現而已

晨間，我在正念瑜伽教室，覺察身體如何伸展到極致，卻不逾越能力極限；找尋身體和目視的重心以及重心的切換，來維持平衡；察知身體上因生理或心理慣性而產生的壓力點，然後釋放。如果我只是為運動而來，或許就僅達到運動的效果。如果帶著正念做瑜伽，不但也達到了運動的效果，還揭露出內心與外境互動的種種身心細節。

生命原是豐美的礦藏，只要戴著正知正念的頭燈一路深入，便會發現層次繁複的礦脈。礦床原就在腳下，我們既未增添什麼，也未減少什麼，只是發現，或重新發現而已。

註3　溫宗堃，「佛教禪修與身心醫學：正念修行的療癒力量」，普門學報第33期，二〇〇六年，頁9-29。

前言

與此時此刻做朋友

喬・卡巴金博士（正念減壓課程創始人）

親愛的讀者：

此刻捧在你手上這份禮物，彌足珍貴又深有助益，它可以用許多相異而互補的辭彙來描述。首先，本書書名說明這是一本練習手冊，它自然當之無愧。它引領我們進入並走過深刻又富療癒之效的任務，這份任務包含——甚至可說需要——個人重大的決心及忠實不輟的練習，這恰是正念老師提到的內在紀律。然而，最終極的忠實當然就是對你自己——對你這一世的生命、你的每一時刻以及你生命的美麗，雖然你不常看到自己生命的美麗，甚至不知生命已然非常美麗。想到「全心臨在當下」和「不加批判」或許是世界上最困難的工作，也是最需要的工作，我們不由得柔軟謙卑下來，也更有理由全心全意承擔此一任務。我們這一世的生命，甚至世界的幸福，無論小處大處，都正處在平衡的邊緣。

但如你想把本書看成一本**遊戲手冊**也可以，因為正念真的是生命中一種好玩的冒險。這個領域所需要的紀律必須以遊戲的精神和苦幹的精神來承擔，因為它兩者都是。正念、正念課程、正念減壓乃至生命本身的挑戰、還有你最初捧起這本書的原因，看起來都是玩真的，所以不能太當真，其中的遊戲元素告訴我們，碰到任何事，尤其是跟隨書中的正式禪修指導時，都用最輕柔的碰觸，既不弄得太過當真，也不理想化正念減壓的過程以及想像中或預期中的成果，雖然於動機或於個人挹注的可能利益來說，你的確是非常認真的。

這項任務交給鮑伯・史鐸和依立夏・高斯坦，你就儘管放心了，因為他們在認知上、情緒上、理性上、生理上都是最適合的人，雖然我們不能每一週都實際在一起上課，但就廣義而言，我們絕對同在一起。如果我們將自己沉浸在書中文字及其觀照、建議、書寫練習的工作和遊戲當中，好好定期利用書中所附練習導引MP3光碟的正念修行指導來練習，無論某一天你想聽還是不想聽，我們還是同在一起。我們從他們熱情的款待、邀請我們盡一己之力全心參與、他們為師為人的溫暖，都獲益甚多。每一書頁和每一段練習導引MP3光碟都顯示了他們的溫暖，在在提醒我們，無論我們相信自己有多少短處和不足之處，仍必須抱著慈心和悲心來尊重自己，來擁抱自己的經驗，不膨脹並增大自我感覺，實際看到並如實知悉自己的價值和自己渾然為一整體，只因為我們是人類。你可以在書頁中感覺得到，作者知道我們每個人都是奇妙的生命，其中有不可思議的學習、成長、療癒和轉化的潛力；我們比自己想像中的還要巨大，我們現在這個樣子──包括我們所知道自己的不完美之處──就已經非常完美了。

你可曾好奇，能夠知悉自己短處的「覺知」，會為那些短處所苦，甚或為其中任一個短處所苦嗎？能夠感覺痛苦的「覺知」會痛苦嗎？能夠生起恐懼的「覺知」會恐懼嗎？這是你可以實際去探究、去觀察的，尤其在你被無能、痛苦、恐懼，或其他感受壓垮的關鍵時刻。我們可以在剎那剎那揭露的生命實驗室，在體現身心最深、最好的冒險中發現，生命和體驗隱藏著全新的層面。一切已經在這裡了，實在不需要去「獲取」了，我們大半生都忽視了──我們稱為「覺知」的能力，就是我們神祕而完美融合的心智（mind）和心靈（heart）。

正念是對經驗最基本、最自然的開放，以身體為根據，不受時間限制，不冀望任何事發生，只是與此時此刻做朋友，安住在當下。你只要安住在正念覺知中，便在生命逐步揭露之際，密切參與了生命，你看到發生了什麼事，實驗並允許世界和自己生命原始的美麗和奧祕來回應你，不躲避奇妙、偉大或喜悅——以及活在當下的珍貴奇蹟。這一切，我們都做得到，卻經常看不到，反而還寄望未來有「更好」的事情到來。

說本書是一本遊戲手冊，還有另外一層意義：它集深思熟慮的策略和練習之大成。你的人際關係航行在生命千迴百轉盛衰浮沉中，在愈不可測、充滿壓力的世界中，在一天或一生中不免出現各種挑戰和障礙中，而人類運用這項修行已數千年，過去的三十多年又在臨床的環境和實驗室中都證明卓有成效。在這段期間，正念擴張至各個領域，與現代醫藥和健康照顧已密不可分了。（Krasner et al. 2009; Ludwig and Kabat-Zinn 2008; Didonna 2008）

你也可以把這本書想成一本絕佳的烹飪手冊——可不是一般所說的食譜集，只要照本宣科，就會做出一道美味的菜餚，這是因為每一頁、每一個練習都缺少了一個最重要的材料：你！這道菜餚以正念修行的形式呈現出來，整個正念減壓的課程既可挽救生命，又可轉化生命。然而你一定要把自己丟到正念的鍋子裡面，開始烹調自己，這本書才能施展魔術效果。你既是食譜，又是那道菜餚，也是廚師，作者就是忠實而關心你的副主廚。你可以根據某一段時間的能力來調節溫度，以調整你的努力，讓一切恰到好處。在你全心臨在的時刻，書中的練習就活了起來，你會發現這些練習大有助益，時時提醒你療癒、自我慈悲和對他人慈悲完全有可能，甚至在最黑暗、最困難的情況下亦然。

談到某個時刻的奧祕和奇蹟，晚近的研究顯示人類大腦的作用和結構不斷根據經驗而改變，尤其是長期重複的經驗。我們發現大腦結構和作用中有天生的可塑性，稱為**神經可塑性**（neuroplasticity），這顯示了我們所謂的心其實不斷形塑我們的腦，轉化我們固有的能力，這並不止於童年期，而是跨越整個生命期（註）。如果重複的經驗含有創傷的本質，大腦某些部位便會萎縮，心理和社交能力也相形低落，這可能是因為大腦的生理損傷，或由於童年和成年期重複的情緒創傷，而引起憂鬱或解離徵候以及失調的社交關係和行為。所幸，也有強力證據顯示，正面經驗若一再重複介入，即能恢復正常，並有治療效果。如果固定從事練習，正是高度重複介入，也正是改變大腦神經可塑性的主要驅動力，這就是為什麼只要身體開始運動，即能恢復並保持一生心理和生理健康。日多的實驗顯示，禪修者如一再重複禪修，可驅動神經可塑性正向的轉變，這會反映在身心健康上，如情緒更平衡，更慈悲，真正快樂，同時還可能減緩壓力或創傷經驗。

因此，心可改變大腦（Siegel 2007; Begley 2008），這意味我們若能藉正念減壓之類的禪修訓練來訓練心，便可以看得更清楚，更自發地表現出廣大的覺知、慈悲和智慧。既然我們所謂的心智和心靈並不是兩回事，我們也可視正念（mindfulness）和正心（heartfulness）是正念減壓的兩個互補層面。再者，我們既不能空論心和腦而不論身體，因此你將會看到，這個任務的核心包括任何時刻都以溫柔和接納來跟身體做朋友，這件事對於覺得身體背叛自己的人，以及亟需和身體做朋友或重新做朋友的人，在心態上會有重大困難，作者了解這一點，於是強調：「只要你在呼吸，你（和你的身體）就應該」在任何時刻都可以開始。我們可以信任這個過程，也可以信任鮑伯和依立夏的專業能力，最重

註　我們頭骨內生理性、物質性的大腦也呈現出所謂的「心」的現象，包括體驗並知道心本身的能力。

要的，我們可以信任自己能用不同的方式來專注，並從這專注力中學習、成長。

正念可承載一切，因此修行的決心最重要——同時，弔詭的是，你雖願意為練習而練習，願意連繫上逐步揭露的生命，然而無論何時，卻不能太執著非要得到什麼結果。本書邀請你用開放的心智和開放的心靈進入此一任務，不見得要以為你知道自己能從中獲得什麼，去做就是了——這象徵你對自己、自己最真實的可能性的信心，而你永遠不知道這可能性是什麼。最終，我們會看到，生命本身就是真正的老師，我們如何在每一剎那遇見生命，就是真正的禪修。

所以，現在就捲起袖子動起來吧！

向你終生的探險獻上最大的祝福！

二〇〇九年十月一日

引言

邁向療癒之路的第一步

歡迎來到《減壓，從一粒葡萄乾開始：正念減壓療法練習手冊》，感謝你買下這本練習手冊，我們可以斷言，你正在主動積極地增進身心健康。如果你感到壓力的跡象或病徵，諸如焦慮、易怒、肌肉緊張、耗竭、冷漠、焦躁、頭痛、疲勞、胃部不適、不易專注、操心、工作過度、嗑藥，抽菸，飲食不調、睡眠干擾，或快要招架不住，本書都有幫助，同時也有助於疾病、慢性疼痛和其他醫療狀況所產生的壓力，如愛滋病、風濕病、氣喘病、癌症、纖維肌痛症候群、消化不良、心臟病、高血壓、偏頭痛。簡而言之，正念就是在日常生活中培養覺知的修行，不帶批判。這本富於教育和實驗價值的練習手冊將介紹正念禪修這種簡單而深刻的修行，以減低痛苦，增進平衡和平靜，這些工具會助你即使處於壓力、痛苦和疾病當中，都能擴大生命和經驗。

在此，我們將瑪麗・奧立佛（Mary Oliver）的一首詩獻給你，對你開始邁向療癒的道路，予以高度肯定：

有一天，你終於知道了
你要做的事，而且著手去做，
雖然你周遭的聲音
繼續嚷著
他們出的壞主意——
雖然整個房子
開始震動

而且你感覺腳步沉重。
「救救我！」
每一個聲音都呼喊著。
但是你沒有停下來。

你知道你要做什麼，
儘管強風以僵直的指頭
撬著地基——
儘管風風雨雨愁煞人。
好晚了，
狂野的夜晚，
路上滿佈斷落的
枝條和石頭。
但當你一點一點地
將那些聲音拋諸身後
星辰才從
厚厚的雲層後露出光亮，
這時，你聽到一個新的聲音，
漸漸地

你發現那是你自己的，
伴著你
愈來愈深入這個世界
那聲音決定去做你唯一能做的事
也就是拯救
你唯一可以拯救的生命

——瑪麗・奥利佛〈旅程〉（The Journey, 1992, 14）

人類的實況

雖然已有許多有關壓力和焦慮的研究，而且也有無數管理和減低壓力的方法，壓力仍是生命中難以避免的事實，這是人類生存的實況，而且一向如此，我們向來跟不確定、困境、疾病、老化、死亡共存，難以控制生命中的事件，無處遁逃。

雖說向來如此，但現代生活又加上了新的威脅，像是核子戰爭、恐怖主義、全球暖化和新近形成的環境災難，以及日增的疏離感和失聯感。我們常常在身心之內就覺得不安，而且不知如何和其他人連結，又覺得與自然界疏遠或隔絕。

近年來，科技和訊息的海嘯更加速了生活的腳步，每一天的生活似乎日趨複雜，我們現在和人溝通有手機、電子郵件、短訊、簡訊和社交網路種種選擇，我們一週七天、一天二十四小時，都在日常活動和各種要求的瘋狂追逐中待命，同時也面臨著新聞的突擊，常常透過這些電子玩意兒傳送過來，不平衡的報導強調創傷和灰暗面，以致我們過分憂慮世界局勢、健康照顧費用、普遍肥胖、睡眠缺乏、經濟危機或環境惡化等等。

事實是，我們的大腦招架不住生活腳步和資訊轟炸，因此易於覺得挫折感、操心、恐慌，甚至自我批判並缺乏耐心，無怪乎許多人非常擔心而且沮喪，乃至要求醫生必須主動給予藥物來幫助平衡，服用藥物有時對身心健康確有必要，但最好還是培養出內在的能力來處理壓力、痛苦和疾病。

今日，科技上的進步已近乎奇蹟，但同時，我們許多人甚至不再認識鄰居了，我們購買的愈來愈多，卻常感到擁有的還不夠多，我們的教育系統和社會教我們事實和訊息，但是不教我們如何生活，如何作價值判斷並活出正直的生命，我們許多人都覺得被隔離、失聯而且不安全。

事實上，壓力和焦慮已經強到使我們擔心自己的擔心了，國家心理健康研究所（National Institute of Mental Health）報告，約有四千萬美國成人苦於焦慮症（National Institute of Mental Health 2008），壓力和焦慮影響身體健康，而且造成許多疾病狀況，包括心臟血管疾病、癌症和生殖障礙。就整體社會的層次而言，治療壓力相關問題既然非常迫切，醫療費用便相形增高，結果許多人無法負擔基本的健康照顧費用。當然，壓力所產生的各種問題，對我們的生命和幸福的品質確有不利的影響。

赫伯・班森醫學博士（Herbert Benson, MD）是心身醫學方面的先驅，他強調許多人沒有足夠處理壓力的策略（Benson 1976），美國每一年要開出五億劑的鎮靜劑處方（Powell and Enright 1990），美國壓力研究所（American Institute of Stress）的專家估計，美國每年花在壓力上的費用——只算業界——幾達三百億美元之鉅（American Institute of Stress 2009），如果考慮個人和社會的所有影響，這個費用顯然還會更高，這突顯出我們非常迫切需要找到另類應付壓力和焦慮的方法。

一九七九年，分子生物學家並有長期醫療執業經驗的喬・卡巴金博士在麻薩諸塞大學的醫學中心創立了正念減壓的課程，他早期對焦慮和慢性疼痛的病患所做的研究，發現病患有顯著改善（Kabat-Zinn 1982; Kabat-Zinn et al. 1992），從那時起，以正念處理壓力、沮喪、嗑藥、疼痛和疾病效益的研究，以倍數累積。近年來，這個效果卓著的方法終於進入主流文化，數字會說話：以谷歌（Google）搜尋「正念」，可找到數以百萬計的結果，正念療法愈來愈風行，在美國和世界各地有兩百五十所醫院都具備這樣的治療課程。

作者生平簡介

我們希望在此花些篇幅來介紹自己，我們覺得你最好對我們的故事以及我們為什麼會寫下這本書能略知一二。你會發現，我倆都是由於本身的壓力和痛苦，想尋求生命的奧祕，而後發現了正念修行。我們希望分享這些故事有助於你對我們產生更多且更個人化連結。

鮑伯・史鐸

我的心靈旅程始於四歲，我首次認識到死亡，其後幾年間，有許多強有力的經驗提醒我：死亡會在任何時間發生在任何人身上。到十歲，我已經歷過三個非常親近的人的死亡經驗：我小弟博迪，最好的朋友艾倫和我的祖父班恩。生命無常和稍縱即逝是佛教徒重要的世界觀，大多數人長大成人以前都不能深刻明白這個真理，也許要等到自己或所愛的某人生了嚴重的病。小時候甚難學習這些駭人的經驗，因為沒有正念之類的工具來處理它，因此我長大過程中一直非常困惑，充滿憂傷和恐懼，很想理解生命的意義。

高中的時候，我有一個重要的學習經驗，於是走上處理恐懼和神祕的正確方向。當時我十六歲，冬天在波士頓地區開著爸爸媽媽的一九六四年的福特休旅旗艦（Ford Galaxy），有幾次車子在雪地上失控打滑，我都死命把方向盤打直，但全不管用——因為我背著打滑的方向。有一天我告訴爸爸這件事，他說：「鮑伯，如果你真的要不打滑，就必須**向著**打滑的方向開。」這看起來只會增加打滑，真瘋狂！我覺得很恐怖。等到下一次又發生這種情形，我還是將方向盤背向打滑的方向。

新英格蘭的冬季繼續著，那是冷冽冽的一天，車子又打滑了，眼看就要發生重大慘劇，反正不可能更糟了，我就把方向盤朝向打滑的方向打，結果真沒料到，你瞧，車子居然打直了！那天我覺得心中撒下一顆很棒的種子，我看到了生命的隱喻——如果轉而面向恐懼，你便可以克服它，雖然轉向恐懼和不安的相反方向看起來再自然不過了，但是這樣不啻為否認、憎惡、後悔、阻遏、抑制所推動——這些策略不可能獲得長期成功。

高中畢業之後，我開始對東方的哲學和宗教感到深刻的興趣，老子的《道德經》（韋特·賓納Witter Bynner英譯，1944）深深肯定了我內在的旅程，讀完這本八十一章的小書，好像找到了一個了長久失聯的朋友，我了解到，我一直在我自己之外找尋生命的答案，其實答案只能在自己之內找到。第四十七章〔譯註〕對我有特別重要的影響：

毋須出門，便能知天下事；
不窺窗外，便能見天道。
出門愈遠，反愈見迷惑。
所以聖人不出外遠求，思慮便知天理，
不特別觀察，便明是非之理，
不刻意作為，萬物便自然生成化育。

最後我遷到舊金山，在加州整合學院（California Institute of Integral Studies）攻讀心理學碩士，在那段期間，我第一次參加正式的正念（觀）禪修閉關。

一九八〇年畢業之後，我第一個正念禪修道老師俐那・奢卡（Rina Sircar）邀請我去緬甸面見她的老師，也就是知名的唐卜陸法師（Taungpulu Sayadaw），一九八〇年十一月我在中緬甸一座偏遠的森林寺院短期出家，成為上座部佛教比丘，法名為坎迪瑪（U Candima，意為月亮的天使），在那段期間，我有許多機會處理我的執著、恐懼和痛苦，而非逃避。

譯註　原文為：「不出戶，知天下；不窺牖，見天道；其出彌遠，其知彌少；是以聖人不行而知，不見而名，不為而成。」

一九八一年，我還俗返美，到了北加州紅木森林和俐那・奢卡老師、她的學生、緬甸人社區一起建立了唐卜陸寺院（Taungpulu Kaba-Aye Monastery），我在寺院中住了八年半，跟隨我主要的禪修老師梁緤法師（Hlaing Tet Sayadaw）學習，我也回學校再念了一個哲學和宗教的博士學位，重點在佛教。

一九八九年，我離開寺院，與我鍾愛的妻子珍完婚，一九九〇年我在出家時的朋友布魯斯・密特多夫（Bruce Mitteldorf）送給我一本喬・卡巴金博士的《多舛的生命之旅》（*Full Catastrophe Living*），描述麻薩諸塞大學醫學中心正念減壓的課程（Kabat-Zinn 1990），這本書告訴我一生應該努力以赴的工作，而且從此改變了我生命。

自一九九一年伊始，我開始教導正念減壓課程，目前在三個醫療中心執教，我教導數千人以及數百名醫療專業人員，正念如何能擴大他們的生命，甚至在痛苦、壓力和疾病當中，我非常高興能夠透過這本練習手冊，將這個方法介紹給更廣大的讀者。

依立夏・高斯坦

六歲時父母離異，我變成非常憤怒而且困惑的小孩，沒有工具來理解並且表達我的創傷和沮喪，待長大成人，我手上常有一本自助或者自我發展的書，努力尋求方法來理解自己的痛苦。

我二十多歲正值網路發達時，剛好住在舊金山而且在當地工作，我的背景是心理學，不久即為網路的蓬勃發展所吸引，於是踏入銷售和管理的行業，很快又發現我對於銷售很有一套，迅即得到許多注目和讚譽，結果一腳陷入物質世界的泥沼，賺錢飛快，但是總好像缺了什麼，我開始花時間奉行「努力工作，更努力玩耍」的座右銘來生活，我周遭圍繞著呼喊同樣口號的人，而且我儘量不去接觸非我族類，我避而不見家人和朋友，而且請假時間愈來愈多，因為我宿醉之後無法工作，事態有點超出控制了。同時，我心裡有一小部分一直在嘮叨：「你以為你這樣還能撐多久？你簡直毀了自己！」我這些古怪的行徑開始在家人和朋友之間耳語流傳，後來湧入無數的電話，表達他們的憂慮和關心。

我終於了解到自己實在太過失衡，於是決定請假，去參加為期一個月的閉關。在這段期間，我終於走出瘋狂，覺知到我簡直盲目，看不見毀滅性的習氣，我深深覺得神學家赫舍爾（Abraham Joshua Heschel）所言「生命是例行公事，例行公事就是抗拒奇妙（1955, 85）」有其真理。我了解到，如果我有方法來打破我逃避痛苦和恐懼的不健康慣性，我會回來重新接觸生命的奇妙，而且看到生命能提供什麼，這就是我正念修行的開始，正念給我建立了一個基礎，而且有助於我重新連結生命中最重要的事情：支持自己和他人都活出我們想活出的生命。

回到舊金山之後，我意識到自己需要一些改變，於是申請了超個人心理學院（Institute of Transpersonal Psychology）的研究所，學院課程中包括東方遇見西方的哲學。在那段期間，我也接受了正念減壓的師資訓練。我目前組織了一個正念團體，也在西洛杉磯區當執業的心理學家。

很高興有機會和鮑伯・史鐸這位非常受人尊敬的正念老師共事，一起將正念修行介紹給你，這很可能改變你的生命，正如它改變了我的生命以及成千上萬人的生命。

這本練習手冊為誰而寫？

這本深具教育價值並富實驗精神的練習手冊，是為了活在壓力、焦慮、疼痛或疾病下的人們而寫。只要正念和日常生活打成一片，不但有助於減少壓力和焦慮，也引導生命走向慈悲、健康、和平與幸福。

再者，這本練習手冊也是為臨床治療師、臨床醫生和教育者而寫，這些人士希望以正念帶給病患或學生，做為治療或教學的佐助。正念也可以應用於工作環境，有助於減輕工作壓力。你也許可以和一群朋友一起練習這本手冊。正念在心理學、醫學、神經科學、教育和企業界非常風行，我們希望本書會鼓舞你將正念視為生命中不可或缺的一部分，成為一種生命方式。我們相信你若在正念修行中成長，也更能支持他人走在這條道路上。

雖然這本工作手冊曾受到麻薩諸塞大學醫學中心正念減壓課程的先驅者喬・卡巴金博士，和助手薩基・桑托瑞利博士所啟發，但這本書並不能取代課程，（請見書末「正念減壓課程相關資訊」部分，你可在住所附近區域尋到正念減壓力課程的地點）。也就是說，我們希望這本練習手冊會成為一條康莊大道，通向更多的寧靜和療癒。

如何閱讀這本練習手冊？

我們強力推介你依序做完本書，因為它的組織結構是根據一個享有盛名而且效果卓著的課程，只要循序漸進，你會從事各種正念練習，助你在面對生命中的挑戰時，減少壓力和焦慮，同時建立自己的正念修行。許多章節都包含正式的正念練習，開始較短，然後當你一路前進時，便加長了一些，所有的章節（第十一章除外）都包括一個正式練習。

往往，轉變並不如我們所希望的那麼快，但你要相信，假以時日，熟能生巧，轉變就會到來，而且要了解，練習是真實而持續轉變的關鍵。我們建議每一章至少練習一週，再進入下一章，這有助將這項練習整合到日常生活中，它也就更易為你所用，尤其是身處壓力或壓力有關的情況之下。

除了基本背景資訊，大部分章節都包含一些元素，助你對正念獲得更多理解，發展你自己正式和非正式的修行，將你的練習排個時程，然後按時程進行：

- **筆記**。首次介紹某一項正式練習時，我們留下空白之處，供你記下略過心中的感受，如果你喜歡寫筆記或發現這是你修行的入口，請考慮使用一本正念修行的專用筆記簿。
- **正念探索**。在這整本手冊中，你會發現許多對不同問題的正念自我觀照，助你保持、深化並支持你的修行。
- **付諸行動**。在這些方框中，我們提供建議，如何將正念帶入日常活動中。當你碰到方框，讀完就把書放下，付諸行動！

- **常見問題**。我們多年教導正念減壓課程，發現某些問題一再出現，這些方框回答了我們常常聽到的問題。
- **計畫你的修行**，在每一章的結尾，你會看到一張清單提醒你在下週將正式和非正式練習排個時程。我們推薦你使用一種系統或工具，像是daytimer、電話鬧鈴或電子日曆。
- **正式練習紀錄**。當你做完了時間表上的練習，花些時間簡短記錄練習的感受。檢視你的非正式練習。在正式練習的筆記之後，我們也準備了一些空白之處，供你檢視非正式練習，你可以運用這些資訊來做調整。

在本書的結尾，也就是第十一章，我們會建議你如何保持正念修行，成為一種生活方式。若要增大修行和練習本書的效力，我們建議你和www.mbsrworkbook.com網站上廣大的同儕社群聯繫起來，你會認識志同道合的人，能在培養正念修行的過程中提供支援，你會發現別人也很感謝能夠聯繫上你，得到你的支援，然後和你分享、討論並學習更多的正念。你也會找到我們兩位作者和其他老師的視頻部落格。

〔常見問題〕

正念禪修和其他形式的禪修有何不同？

禪修有兩種基本類型：觀禪和止禪。正念是一種觀禪，因為它全神貫注當下的身心，並不去改變或操縱我們的體驗，無論在身（色聲香味觸）或心上發生什麼現象，你的工作都非常簡單：僅觀察它不斷變化的本質。透過正念修行，你會發現自己痛苦的因緣，而找到更廣大解脫的道路。另一方面，止禪的專注焦點是概念、影像或真言，優點在於心極專注於禪修目標而達到「心一境性」時，會帶來輕安的覺受。這兩者的分別是，在止禪中，你會與專注目標合一，導致更深的禪定，但是觀禪讓你看到身心不斷變化的本質，而且看到貪愛、憎惡，以及你自認是怎樣的人的這種自我限制定義所引起的麻煩，觀慧使你對推動壓力和痛苦的力量有更深的理解，導向更深的平衡和平靜。

禪修建議

在此提供一些建議，幫助你著手並展開修行。我們建議你學習新的修行方法時，利用附在書中的練習導引MP3光碟，其中包括了二十一種正念修行，總共八個半小時。它是MP3格式，可以用電腦或MP3播放機或MP3 音碟播放機。聆聽練習導引光碟可加深修行，因為你不需要重讀本書或在書中翻找。持續聆聽，直到你完全熟悉了某一項練習——願意的話，也可以更久些。利用練習導引光碟的另一個好處是，助你在練習中安排行進的速度，如果你必須不用練習導引光碟來練習或有意不用，那就用計時器來設定修行時段。如要練習得更久些，就在每段禪修指導之後，暫停稍久一些。

當你一路練習，我們提出了一個時程來幫助你建立良好的基礎，請盡可能遵照這個時程。當你一路推進，會學習到更多練習，也會更加靈活地選取最奏效的練習。在第一、二、三章內，你會學到正念進食的練習、三分鐘的正念檢查練習，以及五分鐘的正念呼吸練習。第四章到第八章是較長、較深入的禪修，你有十五、三十、四十五分鐘三種選擇，全視你的時程和偏好。第九、十章是人際關係和身心健康的正念，我們會提供一些非正式練習，助你將正念延伸到生活層面，同時你必須繼續做前面所學到的正式練習。

在最初幾週，把第一章到第三章讀完。你可以實驗自行更動一些方法來練習前三章的禪修介紹。舉例而言，一天練習一次正念檢查，為期一週，第二週，你可以每天練習幾次正念檢查，或與五分鐘的正念呼吸交替，也可以將兩者合併成一個練習：開始正念檢查幾分鐘，然後加上正念呼吸。重點在於固定練習，而且拿定主意要練習，然後，第四章到第八章會介紹時間較長的練習，我們極力建議你每一項都練習一週。

如果你注意到自己好幾天沒有練習了，不必過分苛責自己，順其自然，而且注意到你已再一次回到當下，同時為那一天做個修行計畫，最終，這當然全看你如何用你覺得正確的方式做這個練習。

探索▼你為什麼要買下這本練習手冊

這是在本書中第一個正念探索。在正念探索練習中，我們會提出不同的問題，邀請你來禪坐、觀照，然後寫下此時此刻你心中所生起的一切現象。寫下時，不需要分析、批判或把事情理出頭緒，只是寫下你此刻回應這探索而產生的一切想法、感覺或身體覺受。

探索時，從這一問題移至下一問題，我們建議你比平常慢一點，沒有必要匆促做完，慢慢來，讓感覺滲入生命，而且知道從事這個探索對你是一個不可思議的禮物。願意的話，你可以寫下很短的答案，如為了加深體驗，不妨寫得長些，不要停，看看有什麼浮上來，隨心所欲地寫，而且心中知道無論花多少時間寫，對你都是剛好，如果你需要更多空白頁，就寫在另一張紙上或正念筆記本中。

你生命中有什麼狀況使你想買下這本練習手冊？

你跟隨本書練習時，希望生命中發生什麼轉變？

你可以說出自己有哪些正面的優點？要是想不出來了，就儘量再擠出一些。以後又想出來時，不妨再回來寫下自己更多正面的優點。

這些年來，我們目睹成千的人踏上正念旅程時，一一回答這些問題，有些人來這裡是因為他們的壓力大到招架不住，有些人則是面臨工作和私生活平衡的巨大挑戰，有人來此是因為他們憤怒、悲哀、害怕、困惑，還有人是因為他們有疼痛和疾病。所有人都希望獲得更多的平衡——學到方法來減緩壓力，也更平靜。我們許多人被生命牽制，被生命擊倒，忘掉了我們自己有很多正面的優點，需要常常被提醒：「是啊，我是個好人，我對人很仁慈，我喜歡自己的幽默感，我是個好父母、好兄弟、好朋友。」

繼續閱讀之前，花些時間慈悲地觀照、如實知悉，並且整合你在探索中所寫下的每件事。

你的壓力有多大？

翻開第一章以前，花些時間探索你生命中的壓力來源，這個非正式的評量並不能取代臨床的評量，只不過是助你決定生命中有哪些壓力來源，才好處理。這過程有兩個步驟：

一、用第43頁的表格，列出十種生活中現存的壓力來源，（我們提供了較多的空白之處，以備日後做練習時，又浮現其他的壓力來源）。在第二步中，你對這些情況給一到十的評分，一是不太有壓力，十是非常有壓力。就第一步來說，只要確定從輕微壓力

（二到四），一直到極度壓力（八到十）都包括進來，雖然你可以寫得一般性些，列出工作、學業、配偶、交通、人群、新聞、孤獨、財務、身體病痛、不健康的飲食、睡眠不良等等，不過我們還是建議精確一些，以便後來發現某情況或壓力水準改變了，你可以更為精確地追蹤。舉例而言，與其說「工作」，不如說「當老闆要求我做季度報告的時候」，或者，與其說「人群」，不如說「當我晚間上市場的時候」。

二、在每一壓力來源的右邊一欄，將每個壓力來源都給一到十的評分，一是不太有壓力，十是非常有壓力，讓最右邊的兩欄空白，當你練習到本書中間的地方，然後到了結尾的地方，我們會請你再回來為同樣的壓力來源打一次分數，以監測你所感覺的壓力水準有無改變。

在此有一個例子：莎拉是正念減壓的學生，每次老闆要求她做季度報告，她就感到壓力很大，她的評分是七，表示這是非常高的壓力。課程進行到一半的時候，她把所覺察到的壓力再打一次分數，透過正念減壓的練習，她比較能夠處理工作上的挑戰，但還是覺得有些微壓力，於是她打五分。在課程結束時，她又對同樣問題的壓力程度再打一次分數，雖然她仍感壓力，但已極少，所以她打兩分。

請注意：如果你所列出來的壓力來源都是極度壓力（八到十），使用本書時，你最好同時配合健康照顧或心理健康的專業人士諮詢。

情況	評分（1-10）		
	開始	中途	結束
例：老闆要求我寫季度報告	7	5	2

你在前一頁所列出來的壓力來源，無疑就是讓你購買這本書的原因，要知道，你在本書中學到的，對許多人都是處理壓力、疼痛和疾病很棒的禮物，我們常常在處理生命困境的時候，發現自己最大的力量。

總結

當你一路讀著這本練習手冊，盡量按照時間表來從事閱讀、探索和練習，並連繫上在www.mbsrworkbook.com網站從事同樣任務的人，希望你深深了解，排出時間來練習本書，對自己是一個很棒的禮物，就像那句老話：「千里之行，始於足下。」恭喜你邁出了第一步，歡迎你開始正念生活的旅程。

當你踏上了此一旅程，願這位富於想像力的十七世紀詩人鼓勵你，繼續見著你所見過最了不起的人——你自己：

將你的目光轉向內心，你會發現
心中有數千個領域
還沒被發現，去那裡旅行，而且
變成家庭宇宙的專家

——威廉・哈賓頓（William Harbington）
〈給我尊敬的朋友愛德華・P・奈特爵士（Sir Ed. P. Knight），1634[1895], 93〉

第一章

正念是什麼？

正念是充分覺察當下所發生的一切，不加裝批判的過濾器或鏡片。正念適用於任何情況。簡而言之，正念就是培養身心的覺知，活在此時此地。正念修行雖源於古代佛教的禪修訓練，卻也是普世的修行，任何人皆可從中獲益。的確，在許多心靈傳統中，全心臨在當下和正念都是重要觀念，佛教、基督教、印度教、伊斯蘭教、猶太教、道教皆是如此。正念的梵文是smrti，字根smr意為「憶念」，佛教最早期經典所使用的巴利文則為sati。

時值今日，正念已經超越它的心靈修行根源，甚至越過了心理和情緒健康的範疇。今天，醫生會開立正念訓練的處方，協助人們處理壓力、痛苦和疾病，正念業已進入西方社會的主流，在醫學、神經科學、心理學、教育和企業界等領域發揮了多方面的影響力。正念修行如何大行其道呢？有一個指標是，連百視達（Blockbuster）影片「星際大戰」（*Star War*）中，絕地武士金魁剛（Jedi Master Qui-Gon Jinn）也告訴新手：「正念行事！」

現代佛法經典著作《佛陀的啟示》（*What the Buddha Taught?*）作者羅侯羅・化普樂（Walpola Rahula）說：「（正念）僅只是觀察、注視、檢視，你不當法官，要當科學家。」（1974, 73）你固可將這種方法應用於感官訊息和周遭世界，本書也會引導你做這類練習，然而正念最大的好處是，如同科學家一般，用這種方法檢視心理過程，客觀地觀察，這樣一來，便能洞察自己的思考慣性模式，大大減輕壓力和痛苦。

一位心理學家朋友做了正念練習之後，有一次說，她觀察到內心流露出兩種運作模式：不是排演生命，就是改寫生命。她觀察念頭之前，從沒想到內心有多麼忙碌，而且多常不曾全心臨在當下，她說：「你能想像我們要是把所有的排演和改寫都裝在瓶子裡，會怎樣嗎？我們就不會有能源危機了。」我們常常在正念班上講這個故事，許多人都點頭稱是，笑了出來，承認自己實在不能自已，一直在排演和改寫。然而，當下才是我們唯一可以完全活出生命的地方！這就是正念的最大好處——幫助我們活在此時此地，同時對自己更有覺知。

展讀一千六百多年以前聖奧古斯丁（St. Augustine）的話，我們仍撼動不已：「人類讚嘆山之高和浪之巨，還有河之寬、海之廣或星辰之運行，但從沒想到要讚嘆自己。」（2002, 180）自聖奧古斯丁時代至今，許多現象都改變了，但有些現象顯然還沒變，為什麼在這麼多個世紀過後，我們還是這麼不願讚嘆自己呢？這尖銳地提醒我們，人類普遍容易跟自己生命的奇妙和奧祕失聯。

西方文化中，人們太常身陷物質世界，而遺忘愛、慈悲和慷慨。正念就是療藥：藉著平靜、不加批判的覺知，簡單而直接練習觀察每一刻的身心過程，當你看到生命是一個不斷變化的過程，你的壓力就會減少，而且更加平衡地接受各個層面的體驗——快樂和痛苦、恐懼和喜悅。

因為正念是更深入了解心靈和受苦因緣的利器，因此也是一個結束痛苦的有效途徑。古代的佛教聖典《法句經》說：「心為前導，心為主使，由心所作成。」（Thera 2004, 1）這段深刻的陳述突顯了內心專注並保持正念有多重要。據說**意向**是所有行動的關鍵——意向形塑我們的思想、語言和行為，如果意向良善，思想和言行就會有益而且方式巧妙，如果意向不善，則無益而方式又不巧妙，就是這樣，我們的心藉由意向和思想，決定我們快樂還是不快樂。

把以下的進程多讀幾次，並花些時間觀想。

1. 意向形塑思想和語言。
2. 思想和語言模塑行動
3. 思想、語言和行動形塑行為。
4. 行為塑造身體的表達。
5. 身體上的表達造成個性。
6. 個性凝固成長相。

也許你對這樣的說法已耳熟能詳了：過了五十歲大關，該長什麼樣的，就會長什麼樣。無論你聽過與否，這就是心多方面直接影響身的洞見，頗為有趣。

正念和健康

正念助你認識慣性思考模式和其他根深柢固的行為，增進身心健康。然而，我們並不容易好整以暇注視自己的煩惱和有問題的行為，因為我們這樣所發現的自己，通常並不像我們想看到的自己那樣美好。在禪修圈子裡，據說西藏的禪修大師邱陽創巴仁波切（Chögyam Trungpa Rinpoche）有一次將這個過程比喻為接受腦部外科手術而不上麻醉，或是聽到一個接一個的侮辱。

你要是坐在一個鏡子圍繞的廳堂中，跟你的恐懼，羞恥、罪疚和其他不受歡迎卻熟悉的內在訪客面對面，還要保持公正觀察者的角色，恐怕難度很高，但正念提供了一個空間，讓你踏出這一連串心靈創傷、憎惡和幻想，只要觀察它們來來去去。時間一久，你便可學到如何如實知悉令人困擾的感覺和念頭，把它們的源頭看得一清二楚，體驗到更深的接納和寧靜。

這趟內心發現之旅雖然艱鉅，卻是一條神聖之路，你最終會了解到：「除此之外，我還有什麼可做？」當越南佛教比丘、不懈的和平倡議者一行禪師說：「我們踏出的每一個正念的步子，和每一個正念的呼吸，都會在當下建立和平，並防範未來的戰爭。如果我們能轉化個人的心識，就展開了改變集體心識的過程。」（2003, 56）如果你不從自己做起，如何能給世界帶來和平？

日常正念

正念是學習如何直接連繫上生命。因為這跟你自己的生命有關，沒有人能替你做或告訴你究竟如何做，還好你無須向外界尋求或由外界獲得，它早存於你心，它僅僅是全心臨在當下。其實，你一知道自己並不全心臨在的那一刻，就臨在了；你一看到自己身陷於念頭的那一刻，就踏出了念頭的陷阱，得到解脫。

正念是一種生活方式，可以用正式和非正式兩種方式來練習。正式練習意謂著每一天刻意找出時間或坐、或站、或躺，同時專注於呼吸、身體覺知、聲音、其他感官知覺或念頭和情緒。非正式練習則是正念覺知日常活動，如進食，運動、家務和待人接物，也就是帶入工作、家庭等任何處所所做的一切行動之中。

在匿名戒酒協會（Alcoholics Anonymous）之類的十二步計畫中，都說是「一天一天來」，正念比這個說法更進一步，請你一剎那一剎那來，既然我們只能活在當下，為什麼不全心臨在每一時刻呢？如果把此時此刻花在期盼未來或反芻過去，你會錯過好多好多呢！當你對內心狀態——你的念頭、情緒、生理覺受和心理過程——更具正念，你會睡得更好，更能應付壓力狀況，提高自尊心，重新燃起對生命和工作的熱情，整體感覺更為良好。

付諸行動！

既然說一盎司練習比一噸理論有用，為什麼不起而行之呢？選一些你每日都做的事，諸如刷牙或洗碗，試著在做事時保持專注，將所有的感官集中於這個體驗。如果你在刷牙，提醒自己在刷牙，感覺並聆聽刷毛在牙齒和牙齦上的聲響、口中牙膏的氣息和味道。如果你在洗碗，知道你在洗碗，攝入水的感覺和聲音、洗潔精的氣息，以及一般不會注意到的一些視覺細節，如泡沫中的虹彩。去試試！看你注意到什麼。

正式練習▼ 正念地吃一粒葡萄乾

大部分正念減壓課程一開始，我們都會做這項練習，就是正念地吃一粒葡萄乾，把禪修的概念解密。（如果你手邊沒有葡萄乾，任何食物皆可。）

練習時，將一切會分心的因素放在一邊，關上電話，直接、清明地覺知這個體驗的每一層面和每一時刻，你可以用書中所附練習導引光碟的第一段來練習，或閱讀以下的禪修指導，對每一段指示都花些時間練習。如果你用讀的，請花五分鐘來練習。

在手上放數粒葡萄乾，如果手邊沒有葡萄乾，任何食物皆可。想像你剛從一個遙遠星球來到地球，從未見過這種食物。

好了，手上拿著葡萄乾，開始用所有感官來探索它。

專注於其中一粒葡萄乾，就好像你從來沒有看過類似的東西，專心注視這個目標，掃描、探索它的每一部分，如同從沒見過的新東西，用手指翻個面，留意它的顏色。

注意它的皺褶，注意表皮有反光、也有暗淡之處。

下一步，探索它的質地，感覺它的軟、硬、粗或滑。

練習時，如果生起這樣的念頭：「我為什麼做這個奇怪的練習？」「這練習有什麼用？」或者「我討厭這個目標。」然後看看你是否可以如實知悉這些念頭，順其自然，然後再回頭來覺知原來的專注目標。

將葡萄乾置於鼻下，仔細注意它的氣息。

將葡萄乾移至一邊耳朵，擠一擠，滾一滾，聽聽看有沒有聲音傳出。

開始慢慢將葡萄乾移近口，注意一下手臂完全知道要送到哪裡，也許你還會察覺到口中在分泌唾液。

輕輕地將葡萄乾放入口中，置於舌頭之上，先不要咬下，只要探索，專注目標在你口中的覺受。

一旦探索夠了，便刻意咬下葡萄乾，不妨注意它如何總是自動跑向嘴巴一邊，而不是另外一邊，同時注意它釋放的味道。

慢慢咀嚼葡萄乾，知道口中有唾液，而且知道咀嚼時，葡萄乾不斷改變。

一旦覺得可以吞嚥了，有意識地注意吞嚥的意向，然後看看是否可以注意到吞嚥葡萄乾的覺受，感知它滑下喉嚨，進入食道，通向胃裡。

花些時間恭喜自己花了這段時間來體驗正念進食。

正念進食筆記

你注意到葡萄乾（或者其他食物）的色、觸、聲、香和味嗎？有無出人意表的發現？做這項練習時，有無任何念頭和記憶突然跳出來？花些時間寫下你的觀照。

非正式練習

正念進食

進食是絕佳的正念專注練習。畢竟，每個人都不能不吃，但我們經常吃著吃著，就被閱讀、工作、看電視等事物分了心，結果，往往食不知味，或者根本沒注意到自己在吃。

你可以將正式練習中吃葡萄乾的練習，延伸到一切進食經驗，因此在任何時間都可以做非正式練習，只要全神貫注進食的經驗，刻意地將過程慢下來，像一個科學研究者，以好奇和客觀來觀察心和身，不加批判。下週練習幾遍，你便會發現你更享受進食了，也許還會吃得少些，因為你跟身體想要和需要的頻率調成一致了。

依立夏的故事：正念進食

二十幾歲的時候，生活陷入不可控制的混亂，於是我參加了一個月的禪修，每一次坐下來吃飯，老師便提醒我們：要知道自己在吃飯，飯從哪裡來，是哪些人準備的，要感謝，要心存正念。因為我起初不太情願待在那裡，於是一意固執己見，繼續像從前那樣吃飯，我內心充滿疑問，自問幹嘛放了更重要的事不做，跑到這裡來，又擔心我能否適應這個地方。大多數時候，都吃一半了，我還沒嘗到食物的味道。

有一天，一位參加禪修的學員跟我談到刻意全心臨在我們所從事的每一件活動有多重要，我馬上想到進食，就問他：「他們把吃飯弄得這麼大不了，你煩不煩？」他溫和地笑了笑，從背包中拿出一顆柳丁，說：「就把這個當實驗。拿著這顆柳丁，認真想想它打哪兒來，如何從地裡的種子開始，有活生生的人照顧那棵樹，維持果樹的健康，成熟的時候把果子摘下來，想想到達我手中以前，經過多少不同的人運送。現在我把它交給你。好，拿著柳丁，在剝皮以前——不用說當然在嘗它以前，要用所有感官來享用。當你準備咬下時，嚼得比平常慢一點，再回來告訴我覺得如何。」他說完就離去了。

我獨自坐著，注意到自己有些抗拒心理，但還是決定嘗試他交待的實驗。我觀照這顆小小柳丁送到我手中的所有工夫，包括這是一個從他而來的禮物。我注意到自己感到一陣謝意，臉上浮出一絲微笑，我不得不承認我還挺喜歡這樣的感覺。再看得仔細些，我注意到柳丁皮上的小凹點，我徐徐剝開柳丁皮，注意到有柑橘薄霧向空中飛濺，彷彿柳丁為打開而歡悅，這讓我發笑，然後我聞到酸溜溜的香味，我注意到柳丁活生生的外皮和內裡蒼白的內膜，柳丁皮剝下之後，我讓它更靠近眼睛，我看到每一瓣外膜滑順、佈滿脈絡的質地，我掰下一部分，仔細看一個個細小的瓤，飽漲著果汁，我終於把一瓣柳丁放到舌上，麻麻的覺受湧上臉頰，我所有的專注力都集中在這顆柳丁的滋味上。我開始咀嚼，對柳丁美妙的滋味湧動著全然的喜悅。我這一生吃過無數柳丁，卻從未這樣品嘗柳丁的滋味，然後我注意到自己的苦惱不見了，感覺平靜而自在。

正式練習▼正念檢查

現在要介紹一種非常簡短的、三分鐘的練習：正念檢查，來嘗嘗正念的另一種滋味。這簡短有力的練習使你能認出生理上、心理上和情緒上的感受，並且幫助你在當下重新平衡自己。我們建議你將這項練習融入日常生活，只要願意的話，一天練習幾次均可，然後把它和第三章所要學習的呼吸修行合併練習。

找放鬆的環境而且沒有電話之類的分心因素下練習，可躺可坐，但如果你躺著會睡著，那就採取比較直立的姿勢。我們建議你閉眼，因為你專注的主要焦點是身心的內在體驗，然而，如果願意的話，也可半睜半閉，全神貫注聆聽書中所附練習導引光碟的第二段，或閱讀以下的禪修指導，每唸完一段，暫停一下，如果你用讀的，就花三分鐘左右來做這項練習。

花些時間靜止下來，恭喜自己可以找出時間做禪修練習。

深入感覺你的身心，讓一切想法、情緒，或身體覺受的浪頭如實存在，開始這正念檢查。

也許這是你在忙碌的一天中第一次停下來，當你開始進入「成為」（being）的境界，而不是「作為」（doing）的境界，你可能會注意到內心承載的感覺軌跡。

無須批判、分析或把事情想出個頭緒，只要讓自己存在於此時此地，置身於此一時刻許多事物當中。花三分鐘左右只是這樣檢查自己。

正念檢查結束時，再一次恭喜自己，能夠從事這個修行，直接有益於身心健康。

正念檢查筆記

第一次完成正念檢查練習之後，花些時間寫下練習時注意到的想法、感覺和生理覺受。

〔常見問題〕

我非得坐著禪修不可嗎？

許多禪修的照片都有個嚇壞你的姿勢，而且雙眼閉著。對初學者來說，這項練習看起來很不可親或很陌生。我們必須在此澄清，禪修時你並不需要保持某種特定或不尋常的姿勢，只要採取可以保持警醒、專注而且舒適的姿勢，脊椎最好挺直，但不要太僵硬或太散漫，正念並不是一個特定的坐姿或特定的心理狀態，而是無論在什麼姿勢下，都在當下保持生理上或心理上的清醒。

關於時間表和檢查

以下，也在每一章的結尾，你會看到名為「計畫（並檢視你的）練習」的清單，提醒你要從事兩個重要的步驟，助你將正念應用於日常生活。第一步是訂出練習正念的時間表，貫徹始終，人說「積習難改」，我們的確很容易陷入每天的例行公事，結果半途而廢。你應該將正式練習排到日常生活的行事曆中，努力遵守這一個特殊時段，就像赴醫生的診約，畢竟這是為自己健康而做，促進自己的身心健康。

第二個步驟是檢查你的練習，看看進行得如何。人們開始新練習時，起初都非常專注而熱情，然後就開始消退，每天的工作會擋在路中央，意料之外的需求和障礙會跑出來，因此最好設定一些時間來檢討什麼奏效，什麼不奏效，這樣你就可以根據需要來調整練習。舉例而言，你會注意到早上比晚上有時間練習，或者在某些時段特別容易受到干擾，你也許注意到某一週你做不好某種練習，但下一週又做得非常好，其間的差別在哪裡？這項檢查的目的並非評斷你的努力，只是要覺知哪個練習奏效、哪個不奏效、如何練習才有效。展開某一種練習以後的一週，應擬定檢查時間表。

※計畫並檢視你的練習

在後面的篇章中，你會有許多不同的正式練習可供選擇。但就目前而言，下週就在行事曆上排定一個正式練習的時間，一週至少練習五天，同時在一週之後排出一個時間來檢查你的練習，看看進行得如何。

正式練習

○正念檢查

再提一次，你一路跟著本書練習下去，會有許多不同的非正式練習可供選擇，但就目前而言，現在就開始將這一章中的非正式練習整合到日常生活中。

非正式練習

○正念進食

正式練習紀錄

每次正式練習之後，都填寫以下的紀錄。填寫並回顧上週的練習時，想想看這些練習進行得如何，你注意到哪一模式對你最奏效嗎？你如何保持練習不輟？萬一你不確定如何使用這個紀錄表，請參考表中提供的例子。

日期和正式練習	時間	練習當中生起的念頭、感覺和身體覺受，以及你後來感覺如何
12/21 正念檢查	早上8點	我的心一直跑到今天要做的事上去，我注意到有時候胸部是緊的，然後減退，那胸緊是焦慮的情緒，練習之後我覺得比較平靜。

非正式練習的觀照

每天應觀照至少一件非正式練習，你可以利用觀照所得，使日常的非正式練習更加深入。同樣地，我們舉了例子以助你了解如何用這個紀錄表。

練習	是什麼情況？	之前你注意到什麼？	之後你注意到什麼？	你學到什麼？
正念進食	我和朋友一道午餐，發現都快吃完了，我還沒真正嘗到食物的滋味。	情緒：焦慮 念頭：哇，我在公司還有好多事要做哪！ 身體覺受：肩膀緊	當我專注食物的味道和咀嚼的覺受，我身體便平靜下來，我才注意到食物有多美味，我頓時覺得沒那麼疲倦，而且更享受午餐了。	我若放慢些吃，會注意到食物更有滋味，這是一天忙碌中的一塊寧靜的安全島，我還知道了我多喜歡沙拉裡的甜菜根呢！

第二章

正念和心身連結

正念和減壓之間的基本而密切的關係，在於心—身連結。雖然西方醫學一向將心—身連結視為一種偽科學或是邊緣概念，但等到神經科學家發現並畫出念頭和情緒通向生理的神經通路時，這種心態便逐漸改變了，這個令人振奮的科學領域已經證實了念頭和情緒的確和生理過程相互連結。

當你感受到壓力，身體便分泌荷爾蒙，如皮質醇（cortisol）以及腎上腺素（epinephrine）、正腎上腺素（norepinephrine）之類的神經傳導物質。我們人類進化的過程中精心構建了對壓力的生理反應。在史前時期，當一個人遭受生命威脅，如遭受野獸攻擊，身體需要立即處理危急狀況，要做到這一步，身體便上前迎戰、或逃跑、或停住不動，重新定向生理能量，以回應危險狀況，所以我們稱這種反應為或戰、或逃、或止的回應。

現在，生活型態不一樣了，我們大部分人雖然很少面對立即的生命威脅，如遇見野性大發的動物，但的確還是面臨著多種日常壓力來源，而且身體不見得都知道其中的分別，結果我們會因為卡在塞車陣中、工作上覺得招架不住，或操心財務或健康狀況，而生起或戰、或逃、或止的回應。我們對壓力如何反應，其實跟真實事件的關係較少，而是我們如何看待此一事件（Siegel 2001）。如果並沒有迫在眉睫的危險，大腦卻察覺到危險，這種自動反應一再發生，我們又從來沒有加以檢查，久而久之，你的壓力就會增高，當皮質醇以及如腎上腺素、正腎上腺素之類的神經傳導物質不斷湧入你的身體，你就進入腎上腺素高度驅動狀態，健康因而受損，因為這種狀態會把免疫系統和其他重要生理系統中的能量移走，而無力執行任務。

自主神經系統

我們若要了解壓力如何傷害身體，最好對自主神經系統略知一二。它是不隨意神經系統，調節重要的身體作用，包括大腦、心臟、呼吸和其他內部器官和腺體的功能，包括兩種神經通路：交感神經系統和副交感神經系統，這兩種通路的功用剛好相反，可以互補並彼此平衡，你不妨將交感神經系統想像成加速器，副交感神經系統則是煞車。

大腦似乎時時在評估四周情況安全與否，它一旦偵測到潛在的威脅，便有三種選擇：或戰、或逃、或止。大腦若認為它可以對危險採取行動，或戰或逃，自主神經系統便亮相了，促使生理發生許多改變，如呼吸淺、心跳速率增加、血壓升高、分泌內啡肽（endorphin）以痲痺痛苦，來支援升高的活動，同時，如免疫、消化、生殖系統之類不那麼重要的功能，就慢下來或暫時停止，這種反應可以讓一位消防隊員扛著三百磅的男人走下二十層樓梯，或者幫助你跑得比平常快一點、遠一些，另一方面來說，如果大腦認為情況沒有希望或者無論做什麼也改變不了，他就會選擇停住的回應，活化副交感神經系統，降低血壓和心跳速率，有助身體固定不動並儲存能量。在極端的情況下，還會引起昏厥。

一旦大腦決定你已脫離危險，它會活化系統來重新平衡身體。病理學家兼加州大學洛杉磯分校正念覺知研究中心（Mindful Awareness Research Center）的共同主持人，又著有《喜悅的腦：大腦神經學與冥想的整合運用》（*Mindful Brain*）〔譯註〕一書的丹尼爾・席格在與我私人談話時表示：「要在壓力下仍保持正念，關鍵即在於活化一個自我投注（self-engagement）系統，調到跟自我的頻率一致，並在內心創造愛的感覺而沒有恐懼。

這是放鬆狀態的要件。」

神經科學視情緒和念頭係由化學物質和電波脈動組成，會影響許多生理系統，包括免疫、肌肉骨骼系統，消化、循環、呼吸，結果，情緒和念頭成為我們健康或疾病的重要因素，而且因為大腦並不區分心理或生理的危險，在任一情況下，都會活化同樣的生理回應（Siegel 2001），有些簡簡單單、無關痛癢的事件，如排隊等待或卡在塞車陣中，都會引發壓力反應。若每天的壓力時間拉長，又不消退，身體便得不到重新平衡的機會，影響可能非常慘重，會引發一長串疾病，包括高血壓、肌肉緊張、皮膚毛病、焦慮、失眠、腸胃和消化問題，免疫系統也會降低，減低你對抗疾病的能力。

壓力反應和壓力回應

你若對壓力反應更具正念，既有建設性又和諧地回應，會怎樣？你若更能察覺生活中的壓力以及壓力如何影響身心，自會發展出一些技巧，來平衡生活並回應壓力。在《多舛的生命之旅》（*Full Catastrophe Living*, 1990）中喬・卡巴金為壓力反應（stress reaction）和壓力回應（stress response）做了一個很重要的區別：**壓力反應**為不自覺的慣性模式所推動，往往是從過去的困難和經驗所學得，這些模式包括不良的抗壓技巧，像是抽菸、嗑藥、工作狂、一般性的忙碌，長期會引起心理和生理的崩潰。另一方面，**壓力回應**則是指

譯註　中譯本由心靈工坊出版，2011年。

如實知悉情緒而不壓抑情緒，同時也發展出方法來處理情緒，你一旦學到如何抱持正念來回應壓力，便可逐漸打破壓力反應那老舊、預設的不自覺模式，開啟一扇新的門戶來處理壓力，然後轉化壓力。失念的壓力反應是一片黑暗，覺知可帶進一道光亮。你一旦把壓力看得更清楚，便可技巧地去回應壓力。

正念的諸多好處之一，就是讓你和很多不同的感受同在，包括令人困擾的內心情況，像騷動和恐懼，因為它把清明和覺知帶入內心體驗，可以扮演一個策略性角色，平衡加速器和煞車、交感神經和副交感神經系統。在《喜悅的腦》中（2007），丹尼爾・席格描述這種專注力的穩定性，讓覺知平衡盤旋，來觀察不同的內心狀態，包括壓力反應在內。再者，他深信正念會使大腦的前額葉皮質靈活而有適應性，來平衡兩支自主神經系統，產生更廣闊的平等心，觀察和平等心有助你免於陷入內心的故事情節和失念的壓力反應。

心—身系統複雜交織，因此若能用更大的平等心來轉化並回應壓力，對生理健康也深具意義。最好的醫療照顧從自我照顧開始，這樣，你對自己的健康便有較多掌控，正念修行是主動積極照顧自我和增進整體健康非常有力的方法。

正念在減壓中的重要角色

時值今日，美國各大醫療中心以及世界各地已有兩百五十個正念減壓課程。正念的方法已經證明對於減低焦慮症狀（Miller, Fletcher, and Kabat-Zinn 1995）、迷戀—強迫症狀（Baxter et al. 1992）、慢性疼痛（Kabat-Zinn, Chapman, and Salmon 1987）效果顯著，同時也有助於減低乾癬的損害效應、增加同理心和靈性（Shapiro, Schwartz, and Bonner 1998）、促進健康（Brown and Ryan 2003）、防止憂鬱症復發（Siegel et al. 2007）和濫用藥物（Parks, Anderson, and Marlatt 2001），減少乳癌和攝護腺癌病患的壓力並增進生命品質，也有很大的功效（Carlson L., et al. 2007）。

你也許會好奇為什麼正念對那麼多種的困境和失調都大有好處，答案就在於正念的本質：每一剎那非批判性的覺知，專注當下所發生的一切。你只有在當下才能做改變，當你覺知身心失衡，並辨識出不自覺的慣性傾向，你就可以做新的選擇，增進健康和平衡。

研究壓力的心理學家蓋瑞・史華茲（Gary Schwartz）發展出一套健康反饋回路模式，他將疾病的終極根源歸因於跟念頭、身體覺受和情緒失聯，健康的根源則在於連繫上這些內心經驗（Kabat-Zinn 1990）。這個反饋回路說的是，你若不知自己內在的壓力反應以及壓力如何反映在思想、身體覺受和情緒上，你就失聯了，身心也就失衡了。因此，只要有覺知，就會自動產生連結，這有助於辨識出你的感受，再採取必要行動找回平衡。

舉一個日常例子來看覺知如何能減少壓力。我們都有卡在塞車陣中的經驗，因為我們不易自知壓力對身心的影響，你可能注意不到自己全身緊繃、呼吸加快或不規則，緊握方向盤到指節發白，你更不易注意到焦慮和惱怒造成其他更潛伏的影響，像是心跳速率、血壓或體溫都會升高。然而，你一旦察覺到身體緊繃，便會返回當下，而且把死命抓得緊緊的方向盤放鬆下來，你一旦看到你呼吸快速又不規則，你就可以作正念呼吸，將呼吸平穩下來，這樣可以逐漸調節其他內在的壓力徵狀，包括心跳速率和血壓。

只要有正念，你便可清楚看到自己的感受，因此有助你了解壓力如何影響自己，這樣你便可以更有技巧地回應壓力，如此一來，你在任何時刻都能平衡、平靜、主動積極地參與自己的健康、幸福和一切時刻的體驗，無論那一刻是如何困難或如何尖銳。

正念和大腦

許多研究都顯示正念修行會促使大腦產生健康的轉變，我們親身處理過上千人的真實生活體驗的故事可資證明，他們都因為正念修行而增進了健康、專注力和平靜。

舉例而言，二〇〇三年，威斯康辛大學麥迪森校區情感神經科學實驗室（Laboratory of Affective Neuroscience）主任理查・戴維森（Richard Davidson）博士、喬・卡巴金和其他同僚出版了一個研究，檢視八週正念減壓課程對某一生物科技公司員工心理和生理的影響。研究對象計有四十一人，二十五人參加了正念減壓課程，十六個人沒有參加。他們測量每一位參與者在課程之前和課程剛結束以及四個月之後的大腦電波活動，發現禪修組較之於對照組，大腦左側前額葉區域活動明顯增加，這個區域與正向情感和情緒調節有關。戴維森的研究顯示，這個區域愈活化的人較之於不活化的人，經歷壓力事件之後愈容易恢復。這份二〇〇三年的研究同時也揭露了禪修和免疫系統功能的有趣關係。八週課程結束時，所有參與者都注射流感疫苗，禪修者所產生的抗體較之於對照組多了許多，顯示禪修可提高免疫反應。

在二〇〇五年，哈佛醫學院的講師莎拉・拉薩（Sara Lazar）博士出版了一份研究，發現固定禪修和不固定禪修的人相較，其大腦有可測量性的差異。她用核磁共振造像作大腦掃描，發現持續修習正念的人較之於沒有修習的人，前額葉皮質區域更厚，這個區域專司推理和決定。更有甚者，她發現修習正念的人腦島也比較厚，腦島可感覺內在的覺受和思想，在情緒知覺上是重要結構（Lewis and Todd 2005）。她說，因為皮質和腦島一般在二十歲之後開始衰退，正念禪修會彌補因老化而失落的功能。在我們的對話中，她親口說出她相信「禪修對大腦有重大影響，影響的時間遠遠長於你實際禪坐的時間，也對日常的生活有正面影響。」

丹尼爾・席格博士根據近年來的研究和個人接觸的例子，說正念修行運用大腦的社交神經網絡，幫助我們調到與自己一致的頻率，這樣在生理上、心理上和社交上也會更健康。基本上，我們專注於心時，會運用大腦裡掃描感受、意向和他人心態（社交網絡）的同一機制。他說，我們如何專注，會影響**神經可塑性**（neural plasticity）——也就是一種神經連結，能夠改變我們對感受的回應。他有一個陳述或許過激了點：「在此，我們看到了心可以運用大腦來創造它自己。」（2007, 32），花一分鐘或一百萬分鐘來想一想這事吧！他解釋，正念練習可以影響大腦的前額葉區域，這區域有整合功能，影響對大腦和身體的許多區域，這說明了正念對於韌性、自我調節和健康都有正向影響。

正念和大腦研究在今日是個很熱門的話題，研究還在持續進行。舉例來說，心智和生命學院（Mind and Life Institute）聚集了一些世界上最有名的科學家、達賴喇嘛和其他諾貝爾獎得主，來合作研究資深禪修者，社會中的觀照心靈中心（Center for Contemplative Mind in Society）也主持了其他研究，最近還開始了一個陸軍照護者的計畫，該中心同時蒐集許多有關正念和大腦關係的研究資訊。舉例而言，最近有研究（Brefczynski-Lewis et al. 2007）發現，長期禪修者聽到情緒性的聲音後，似乎比較不會活化杏仁核，這是大腦處理恐懼和攻擊的區域，說明了長期禪修可減少情緒反應行為。

另外一份晚近的研究（Lutz et al 2008）發現，禪修影響大腦的同理心回應的區域甚鉅。修行悲心禪的佛教比丘若聽快樂和苦惱情緒的聲音，較之於禪修新手，比丘會活化大腦幾個不同的區域，說明了他們更能偵測到這些聲音，有更多心靈活動來回應這些聲音，再者，資深禪修者較之於禪修新手，對苦惱的情緒性聲音有更強的回應。所有的禪修者都顯示，禪修時較之於休息時有更強的回應，這指出禪修直接影響同理心的內心網路。

日多的研究都發現禪修的心理生理（psychobiological）利益，以上只是少量樣本。許多人都有禪修的第一手經驗，如今有了科學證據，不但更理解正念背後的科學，也開啟了進一步研究之門，我們因此可以運用正念來處理並支援各種形式的壓力、痛苦和疾病。

正念和日常壓力

若要知道正念對健康的影響如何巨大，就想想看日常小小的壓力如何影響你的念頭和情緒，然後又影響身體。你在銀行或郵局排隊時、在繁忙的交通中、在不熟悉的路徑上開車時、面臨截止期限時，或與人對話不太自在時，會覺得快被壓力壓垮了，甚至連預期或回憶這樣的事件，都會感受到壓力反應，雖然這些壓力看起來好像很微小，但還是會引起各種的病徵，如肌肉緊繃、頭痛、失眠、腸胃不適和皮膚問題，長期壓力也會引發嚴重的疾病，如癌症、心臟病和失智症等，尤其你若用抽菸、嗑藥、暴飲暴食、過度工作等不健康的策略來處理壓力的話。

正念給我們的禮物之一，就是助我們認識到：要如何回應壓力情況，你是有選擇的！維克多・法蘭克（Victor Frankl）這位病理學家和大屠殺的倖存者，意味深長地描述：「在刺激和反應之間，有一個空間，在這個空間中，就是我們選擇如何回應的力量，回應中，有成長和解脫。」

法蘭克甚至在受監禁期間，也發現有法子對他周遭的人提供安慰和療癒。他強調，每一個人都可自由選擇如何回應，關鍵就在於覺知。當然，制約是一個強力的力量，讓我們難於改變。正如水總流向最沒有阻力之處，你也會回去投靠老習慣，因為這是最容易遵循的路線，這包括如何看待事情和慣性如何反應。要關掉自動運作模式並抗拒慣性反應和行為十分困難。若要加強改變的動機，下一個練習會幫助你探索壓力如何影響生活。真正覺察生活中的壓力並覺察你和壓力如何互動，是選擇嶄新、更佳回應的第一步。

〔常見問題〕

禪修和放鬆有什麼不同？

禪修當然可以帶來放鬆的感受，也可能不會，意向造成兩者的不同。當你想要放鬆，可以從事很多不同的活動，像是看電視、閱讀、躺在吊床上、洗個泡泡澡、做呼吸練習……，說也說不完。在正念禪修中，意向僅只是在所選擇的覺知目標中，加上無批判性的注意力，所以如果你吃一粒葡萄乾來練習正念，你會將所有的感官調頻到此處，目的並不是為了放鬆，而是為了真實並深刻地體驗當下。為了放鬆而禪修可能會變成一個陷阱，如果你禪修卻不感放鬆，你的心可能會開始和念頭賽跑，問自己，這怎麼沒用？這個可能帶來沮喪、焦慮和失望的感覺，你便沉淪於焦慮或憂鬱。

探索▼壓力或焦慮如何影響你的生活？

花些時間來觀照以下的問題，注意在念頭、感受和身體覺受上生起什麼現象。一旦可以了，便將一些想法記在下面。比起他人，你也許有更多的問題想寫下來，也是可以的。

對人的壓力和焦慮如何影響你的生活？

對工作的壓力或焦慮如何影響你的生活？

對世界局勢的壓力和焦慮如何影響你的生活？

對食物和進食習慣的壓力和焦慮如何影響你的生活？

對睡眠和失眠的壓力和焦慮如何影響你的生活？

對運動和缺乏身體活動的壓力和焦慮如何影響你的生活？

我們要如實知悉並確認你所寫下，那些被人際關係、工作、世界觀、進食習慣、睡眠、身體活動的壓力和焦慮所影響的生活。一旦覺知增長，你便可以開始清楚看到壓力和焦慮影響了你生活中如此眾多的層面，雖然這算正常，但你現在開始注意到它的逼迫性，這是踏上健康之路重要的第一步。

繼續練習以前，花些時間慈悲地觀照、如實知悉並整合你在探索中所寫的每一件事。

非正式練習 正念與生活打成一片

你醒來的剎那，直到一天結束將頭躺到枕頭上的剎那，都有機會以正念為生活方式，然而，如果你像大部分人那樣：一醒來，就已忙著編排任務清單，想你要怎樣完成每件事。工作時，你可能在想下一件工作，而不是想面前的工作，要不就是希望這個工作天快點結束。被催趕或被淹沒的感受可能一直跟著你進入家務、人際關係，甚至休閒娛樂，結果無論你做什麼，你一部分的心總是在想其他要做的事，或者改寫已經發生的事。

你只要選擇一整天保持正念，無論身處什麼情況，都會充滿更多專注力和感謝，也會更平靜。只要繼續在正念上與時俱進，你會看到在任何情況都是非正式練習的好機會。如果你需要推一把，才好開始，在此建議一些非正式的方法，將正念與生活打成一片：

- 早晨一睜開眼睛，別馬上跳下床，花些時間來作正念檢查，只要懷著當下覺知來開啟這一天，你便為這一天中的困難時刻佈置一個更平靜並更具平等心的舞台。
- 洗澡的時候，注意你的心是否已開始為即將到來的一天思考、計畫、排練。當你更能察覺這種情況，溫柔地將心帶回當下，與淋浴同在，聞到肥皂香，感到水沖過身體的覺受，聽到淋浴的水聲。
- 如果你和別人同住，試著花些時間，在一天開始以前正念聆聽他人並且與他們連繫起來。
- 走向車子時，放得更慢些，檢查身體上有無緊繃。開車以前，把緊繃之處鬆開。
- 開車的時候，找機會開慢些，用紅燈來提醒自己注意呼吸。
- 行走勢必會進入自動運作模式。走向辦公室或者跑一趟辦個事，試著用不同的走法。例如可以走得慢些，或者你可以走三步一吸氣，然後走三步一呼氣，注意行走的身體覺受——腳上和全身。
- 上班時，擬出時間專注於一組類似工作。舉例而言，排出一個時段只作計畫，不管其他。如果可以的話，集中於其他工作時，關掉電子郵件。
- 如果可能的話，也許一週一次，獨自靜默進食，吃得比平常慢些，這個時候把心真正調頻到食物的味道和質地。
- 整天不時做正念檢查，你可以在行事曆上排出時間，也可以將正念檢查和某些活動連在一起，如在查看電子郵件以前，或在尖峰時間開車以前。
- 衝回家去放鬆是有反作用的，所以應該正念地開車回家，開慢一些，感覺手握在方向盤上，而且正念地攝入每一個時刻。你可以關掉收音機，觀照你今天所做的一切，哪些是正面的？哪些還能做得更好？另外一個可能是，刻意計畫你到家後要如何，也許把正念聆聽也排進去。

- 回到家，走入大門以前，做正念檢查，注意身體是否緊繃，如是，帶著覺知將呼吸深入肌肉，以鬆弛肌肉，然後就順其自然。

當你開始將非正式的練習整合到日常生活中，花些時間來觀照你的體驗，你都做了些什麼？注意到自己在練習之前和之後有何不同？你如何對待他人並回應他人？你從非正式練習當中學到什麼？如果願意的話，可以寫在筆記中。

付諸行動！

現在就花些時間來注意你所想的和你在生理、情緒上的感受之間有什麼關連，花些時間來觀察你的念頭、情緒和身體覺受，想一下它們彼此之間的關係，將這項修行融入日常生活。舉例而言，注意一下你卡在排隊或塞車陣中動彈不得時的初始反應，也注意提起正念時，又如何讓你有機會做出不同的回應。

關於和他人連結

獨自練習可能很難，我們建議你和他人聯繫，可以得到他人的打氣和鼓勵，並從他們的洞見中獲益。如果你尚未看過網站www.mbsrworkbook.com，不妨去瀏覽一下，看別人怎麼談他們的修行，有時候與他人分享，並了解他們的體驗，可助你保持並加深自己的修行。

※計畫並檢視你的練習

在後面的篇章中，你會有許多不同的正式練習可供選擇，但就現在來說，下週就在行事曆上排定一個第一章正式練習的時間，同時在一週之後排出一個時間來檢查你的練習，看看進行得如何。

正式練習

○正念檢查

現在你有兩個非正式練習，可整合到日常生活中。

非正式練習

○正念與生活打成一片

○正念進食

正式練習紀錄

每次正式練習之後，都填寫以下紀錄。填寫並回顧上週的練習時，想想看這些練習進行得如何，你注意到哪一模式對你最奏效嗎？你如何保持練習不輟？

日期和正式練習	時間	練習當中生起的念頭、感覺和身體覺受，以及你後來感覺如何

非正式練習的觀照

每天應觀照至少一件非正式練習，可以利用你從這些觀照所學得的，使日常的非正式練習更加深入。

練習	是什麼情況？	之前你注意到什麼？	之後你注意到什麼？	你學到什麼？

第三章

正念修行

在前兩章裡，我們介紹了正式和非正式的正念練習。在這一章裡，你將用正念呼吸這種基本的正式練習使修行更深入。呼吸一直跟著你，因此這是一個你可以隨處帶著走的練習，也可以與非正式練習整合起來。當你將正式和非正式練習融合起來並推而廣之，正念就成為一種生活的方式，日子久了，你會學到如何將正念帶到你的思想、語言和行為上，最終帶到一切所做所為。這樣你無論在生活中經驗到什麼，都會成為你的修行。

在這一章裡，我們會一步一步檢視培養正式正念修行的基本要點。當你走過這個過程，將時間投入之際，要知道，這是給自己很棒的禮物！禪修會助你深掘內心的能力，獲得身心健康。在這忙碌又常有壓力的世界，正念禪修是喧囂擾攘當中的綠洲、皈依處，讓你返回安頓自我的家。

正念的心態

正念修行就像是開墾一座花園：只要某些特定的因緣條件具足了，就會花草繁茂。就正念而言，有八種心態是正念修行不可或缺的因緣條件。

- **初心**：這種覺知的特質是有好奇心，將事情都看成嶄新的、新鮮的，好似第一次看到一樣。
- **非批判性**：這種覺知的特質是對一切經驗培養客觀的觀察能力——不會將念頭、感受或身體覺受標記為好或壞、對或錯、公平或不公平，僅僅觀察每一個時刻中的念頭、感受或身體覺受。

- **如實知悉：**這種覺知的特質確認並如實知悉事物原原本本的本質。
- **不刻意努力：**有了這種覺知的特質，不會愛執變化、憎惡變化，或者想從當下的一切逃開。換句話說，不刻意努力就是停留在當下的置身處，並不逃到他處去。
- **平等心：**這種覺知的特質能平衡並培養智慧，使你深刻地理解變化的本質，並以更深的洞察力和慈悲心，與變化同在。
- **順其自然：**有了這種覺悟的特質，你會讓事物原原本本地存在，不需要努力**放下**當下的事物。
- **自給自足：**這種覺知的特質助你從自己的經驗出發，看到什麼是真實、什麼是不真實。
- **自我慈悲：**這種覺知的特質是開發愛，愛原原本本的你，不自責，不自我批評。

將這些特質存在心中——盡你的理解來觀照它們，開發它們——會滋養、支援並強化你的修行，開發這些特質可將能量導引到療癒和成長的過程，這些心態互相依存，一個影響另一個，若培育了其中一種，就會增長所有的。

正念呼吸

正念呼吸是禪修的基礎，因為無論你在何方，呼吸都一直跟著你。呼吸可做為棲身當下的錨，基本上只不過是一吸一呼時秉持正念，沒有必要去分析、數數目、觀想或操控呼吸，只要正常而自然地呼吸，知道吸氣和呼氣。專注呼吸有好幾種方法，呼吸時你可以專注於鼻端、胸部、腹部，甚至整個身體。

若要處理壓力和焦慮的挑戰，我們有時推薦腹部呼吸——從腹部或肚皮呼吸，而不僅只從胸部呼吸——這讓人很快平靜下來，但你若比較喜歡另一部位，就請跟從你的智慧而行。一般而言，腹式或肚皮呼吸是所有人的自然呼吸，尤其是躺著的時候。若要知道你是否從腹部呼吸，只消把手放在肚皮上，感覺一下是否在吸氣時膨脹，呼氣時收縮，如否，便更深入專注呼吸，感受肚皮跟著你的呼吸膨脹或伸縮。

腹部呼吸的一個好處就是溫和調節不規律的呼吸，這常因壓力或焦躁而起，焦慮會引起淺、快速或零落的呼吸，甚至吸氣過度，恐懼症也會使呼吸更形短促，認為行將失掉控制，並且感到胸痛。將呼吸帶回腹部，有助身體重返平衡。所以一旦生起焦慮，首先要如實知悉這種感受，然後溫柔地再回來專注於腹部，並練習正念腹部呼吸。

散亂的心

練習正念時，心不免會散亂。當你更仔細觀察自心的運作，你很可能會第一手目睹自己常常跌落在未來的想法或過去的回憶中，而不知所以。舉例而言，淋浴時，你可能不太感受得到淋浴，因為你在想別的事情；你也可能有這樣的經驗，開車到某處，卻發現你不知是如何到達目的地的。一天中有太多次你並沒有全心臨在當下所發生的事。你刷牙、折疊洗淨的衣服或清洗碗碟時，有多常真正活在當下？

正念禪修是將專注力集中在某一覺知目標上，如呼吸，練習了一會兒之後，心會開始散亂，這很正常，尤其是一個沒有經過專注訓練的心，你無須批判自己，只要耐心注意並且如實知悉心跑掉了——順其自然——然後溫柔地再回來專注呼吸。我們多數人都是一遍又一遍這樣做，不必批判自己，反當作如是想：如果你沒有正念，你甚至不會知道心散亂了呢！事實是，當你察覺到沒有全心臨在當下時，你就臨在了，兩者就是這麼貼近。基督教神祕主義者聖方濟・沙雷（St. Francis de Sales）主教聖師說這種動力是：「如果心散亂或者岔開，溫柔地將它帶原點，……即使你在整段時間除了一再把心帶回來之外，什麼也沒做，……雖然心會跑出去，你每一次都帶它回來，你就算很運用時間了。」（Levey and Levey 2009, 64）

要注意，「把心帶回當下」和「集中注意首要目標」同是練習的一環。念頭和感受自當下生起，最好別鎮壓或抑制，你學習如何與它們原原本本的面目同在，不致強迫事物非成什麼樣子才行，最好首先如實知悉剛才心跑到哪裡去了，不加批判，然後再溫柔地把心帶回專注目標上。

心散亂之後再帶回來，有三種好處：第一個好處是，它訓練了專注力。心一遍遍跑掉，然後你一遍遍把它帶回來，專注力就逐漸增長了。第二個好處是，重新回到當下，也注意到你的心剛才跑到哪裡，你可能會發現你充滿了自我批判、憂慮、悲傷、憤怒或困惑，這也許預示你需要更仔細注意並且處理生活中的某些事。第三個好處是，當你再收心回來，可能會認識到你在操心或有其他的苦惱，你可能會注意到你同時也有相關的生理徵狀，像是緊抿嘴巴或胃部不適。藉著回到當下，你注意到念頭和情緒如何在身體上表現出來，因而親見並親驗心—身的關連。

〔常見問題〕

我找不到時間禪修，怎麼辦？

許多人都有這個困難，希望你能夠逐漸明白，找出時間來禪修，是送給自己的一份最棒的禮物，沒有別人可以給你這個禮物。說得更實際些，你在行事曆上排出時間給別人，你也可以和自己排個約會來禪修，五分鐘都行，也許跟在一件每天必做的事後頭，如果你用的是電子曆，不妨用跳出的視窗來提醒你修行。

你繼續練習下去，我們會介紹你更長的練習，雖然每天三十到三十五分鐘正式練習最有益健康，但每天幾分鐘的正念也會有好處。在此囊括了各種不同的練習，你很容易便可將正念整合在一天當中，無論是坐、是站、是走、是躺。

姿勢和練習

你可能會好奇禪修中身體姿勢應該如何、如何處理瞌睡，這在我們這個忙得停不下來的文化中很常見，在此有一些建議，歷來已證明很好用：

- 你可以坐在地板上、蒲團（zafu）上或椅子上，也可以坐在折疊的毛巾或毯子上或沙發上的椅墊，甚至可以站著或平躺，如果躺著，最好立下意向，告訴自己必須完全清醒並全心臨在當下。
- 大部分人都是閉著眼禪修，但如果你喜歡半睜著眼睛，或覺得這樣比較自在，也是可以的。你如睜眼，應注意專注力要放在你的禪修目標上。
- 你可將手交疊在膝上，或者放在大腿上。
- 坐得既警醒卻又舒適。正如樂器上的絃有時調得過緊或過鬆，禪修者若坐得太僵硬而引起不適，便不能久坐，而姿勢太放鬆，也容易睡著。
- 如果瞌睡是個問題，你可以站著禪修或睜開眼睛，或許答案根本就是小憩一下——也許你真的需要補眠——等休息夠了，再回來禪修。對自己要懷有慈悲心，深刻傾聽自己的需要。

正式練習▼五分鐘正念呼吸

你已熟悉正念禪修的重要基礎，可以開始練習正念呼吸了。我們以前提過一句古老的智慧忠告：「一盎司練習比一噸理論有用。」開始以前，我們還有一個忠告：做任何一個練習，只要你和原原本本的面目和平相處，就會產生最深度的療癒。這僅只是注意並如實知悉壓力和焦慮，而不是又重回逃避的舊習。你會發現，擁抱恐懼之際，你居然就找到了你的心。

在放鬆的環境而沒有電話之類的分心因素下練習，可躺可坐，但如果你躺著會睡著，那就採取比較直立的姿勢。全神貫注聆聽書中所附練習導引光碟的第四段，或閱讀以下的禪修指導，每唸完一段，暫停一下。你可在一天中任何時間練習，如果願意的話，可將這個練習和正念檢查合併。

花些時間靜止下來，恭喜自己可以找出時間禪修。

覺知身體上感覺呼吸最明顯的部位，也許是鼻端、頸部、胸部、腹部，任何地方皆可。當你正常而自然地吸氣時，知道吸氣，呼氣時，知道呼氣。只要對呼吸保持覺知，吸氣並呼氣。

沒有必要去觀想、數數目、把呼吸理出頭緒，只要對呼吸具有正念，不加批判，只要注意呼吸如海洋中的潮起潮落。沒有地方要去，沒有其他事要做，只是待在此時此地，注意呼吸——只要一次一吸、一次一呼地生活著。

呼吸時，注意吸氣時氣的生起，呼氣時氣的消退，乘著呼吸的浪頭，一個剎那接一個剎那，吸氣並且呼氣。

有時候，專注力可能會從呼吸跑出去了，你一旦注意到這個情況，只要知道剛才跑到哪裡去了，然後溫柔地再回來專注呼吸。

正常而自然地呼吸，不要操控，只要知道呼吸來來去去。

當禪修結束時，恭喜自己找出這段時間全心臨在當下，知道這是愛的行動。願我們安詳自在，願一切眾生安詳自在。

五分鐘正念呼吸筆記

第一次練習時，花些時間寫下心理上、情緒上和身體上所生起的感受。

非正式練習 將正念的八種心態帶入生活

試著將正念的八種心態——初心、非批判性、如實知悉、不刻意努力、平等心、順其自然、自給自足、自我慈悲——帶給自己、他人和你從事的一切活動。舉例而言，如果你在做菜，你就像第一次練習做菜一樣。用初心來切洋蔥、胡蘿蔔、葉菜時，感覺那質感，體驗那香氣，對自己、食物和烹飪技巧不加批判。如實知悉你是自給自足的——煮了這一餐，你就照顧了自己和他人。如果這樣做有困難，就視這是修習自我慈悲的機會，知道你盡了最大努力。如果不盡如人意，也不要煩惱。如果你一心想提高效率，快快把菜做完，那麼就練習不刻意努力，知道你已安抵當下，再重回到手邊的工作。隨著這過程逐步揭露，觀察並理解其中無常的本質，順其自然，這即是平等心的修行。注意一下，懷有這些心態時，身心感覺如何，缺乏這些心態時，身心又是什麼感覺。試著將這修行帶入日常生活的其他領域，再看看你跟自己、他人和世界的關係會出現什麼不同。

付諸行動！

現在就用感官來練習正念，只要看房間四周或窗外，並留意你以初心所見的——好像你第一次看到你四周環境，聆聽一切聲音，嗅聞一切氣息，品嘗一切在口中停留的味道。如果餓了，就有意向、有正念地吃些東西，深入感覺身體並如實知悉身體和情緒上的一切感受，同時覺知一切浮上心頭的念頭。練習完畢時，謝謝自己找出這段時間練習正念，並如實知悉用覺受、念頭和情緒來檢查是怎麼回事。

※計畫並檢視你的練習

這些就是你到目前為止所學到的正式練習，下週就把這些練習在行事曆上排定時間，同時在一週之後排出一個時間來檢查你的練習，看看進行得如何。

正式練習

○五分鐘正念呼吸

○正念檢查

現在你有三個非正式練習，可整合到日常生活中。

非正式練習

○將八個正念心態帶入生活

○正念與生活打成一片

○正念進食

正式練習紀錄

每次正式練習之後，都填寫以下紀錄。填寫並回顧上週的練習時，想想看這些練習進行得如何，你注意到哪一模式對你最奏效嗎？你如何保持練習不輟？

日期和正式練習	時間	練習當中生起的念頭、感覺和身體覺受，以及你後來感覺如何

非正式練習的觀照

每天應觀照至少一件非正式練習，可以利用你從這些觀照所學得的，使日常的非正式練習更加深入。

練習	是什麼情況？	之前你注意到什麼？	之後你注意到什麼？	你學到什麼？

第四章

正念如何減壓

與壓力和焦慮共存的情形比你想像的更普遍，成千上萬的人每日苦於壓力的挑戰，與壓力共處，無論是日常生活、痛苦或疾病、困難的生命大事，也許最常見的，是多種因素的組合。我們大多數人都不願談論或在內心面對這些壓力和焦慮。演員兼製片伍迪・艾倫（Woody Allan）有一次說：「只要我不必在場，我倒不怕死。」（Bastian and Staley 2009, 9）雖然玩笑的成份居多，卻是我們文化中常見的，我們多常否認或避免面對疑慮和恐懼！

我們所有人對生命的奧祕都有著類似的問題，如我們是誰，打從哪兒來，又要往哪兒去。我們也對生命的意義和死亡的事實好奇，我們每天都面對著無數的恐懼，有時候面對的是麻煩的恐懼症。我們有信心問題，也有人際關係、工作、世界局勢、食物，或睡眠的種種焦慮，說也說不完。我們跟家人、朋友、熟識的人、同事或其他人之間的人際關係可能正苦於溝通崩潰。工作又必須遵守截止期限或達到某種標準。我們住在戰爭、恐怖主義、全球氣候變遷、人口過剩、饑荒、無可避免的天災等等，難怪我們對世界也存有焦慮。我們甚至可能對自己的焦慮而感到焦慮！

我們很想無視於這些憂慮，或假裝它們不存在。不幸的是，我們無法控制周遭的世界，永遠會有情況引起我們的操心、壓力和焦慮，而答案仍是：不要掉頭而去，要迎頭面對，就像把方向盤轉向打滑的那一邊，正念禪修在這方面非常管用，有助你與這些憂慮連上線，學著處理它們，讓它們不那麼沉重，成千成百的正念修行者已經發現：與壓力共存，少些痛苦和恐懼，是完全可能的。你雖然不能永遠控制或除掉壓力來源，卻可以用不同方式來處理，關鍵就是懷著正念去探索什麼影響著你和生命挑戰之間的關係，並檢視哪些方法奏效，哪些不奏效。

探索 那些奏效，哪些不奏效？

有時候你過去所經驗到的困難或苦惱事件會引起現在的壓力和焦慮。例如許多人童年曾經受過身體或情緒上的創傷，同樣地，我們許多人曾目睹精神受創事件，也曾在工作上受辱或不被朋友接納。

花些時間來觀照現在仍然跟隨你的過往困境，一旦可以了，盡量簡短並且深入地寫下這觀照。

一路走過生命的旅程，你會發現有許多方法可處理壓力、痛苦或疾病。譬如你可以跟朋友談、運動、禪修、吃健康的食物或看個好笑的電影。在處理壓力方面，你嘗試過的哪一個方法最有用？花幾分鐘靜默地跟這些問題同在，注意生起的念頭、感受和身體覺受，只要讓生起的一切現象原原本本地存在，不加批判。一旦可以了，盡量簡短並且深入地寫下這觀照。

有時候你會選用不健康的方式來處理困難，也許飲食過量、工作過勞，看太多電視、花太多時間上網或寫電郵，或酗酒、性、嗑藥過量，這些策略一開始好像都有用，但是長期下來就沒有什麼用了。你處理壓力和憂慮時，試過哪一個方法後來就沒有用了？花幾分鐘靜默地跟這個問題同在，注意生起的念頭、感受和身體覺受，讓生起的一切現象都原原本本地存在，不加批判，如果有批判，就順其自然，記下來。一旦可以了，盡量簡短而且深入地寫下這觀照。

面對生命挑戰時抱持希望，能夠減低痛苦，增強韌性，這是我們內在都有的力量。你有哪些希望？你希望怎樣有所不同？你希望邁向什麼樣的生活？

跟奏效的方法、不奏效的方法和你的希望相繫，是邁向健康之路有力的一步。這也許是你第一次記起，甚至學到哪個方法真正能夠幫上忙，因此你會更自覺、更有效地利用這些方法。你會認識到，哪個方法幫得上忙，哪個方法使你不再採取更多痛苦又無效的策略。一旦連結上你的希望，也會連結上你的洞見和潛力，使你的蓓蕾終於完全盛開，成為你想做的人。

繼續練習之前，花些時間連上呼吸，並且正念觀照你剛才寫下的，慈悲地如實知悉、確認並整合你從探索中所學得的每一件事。

心靈陷阱

正念減壓的主要方法就是，你可以觀察引起壓力或壓力反應的心靈陷阱，心靈陷阱即是加劇壓力和痛苦的常見心理習性。一旦認識了這些陷阱，就不容易墮入。一開始，你在掉入後才知道它們，但是假以時日，熟能生巧，你會在還沒有完全被誘捕之前就逮著自己。終於，你會在靠近時，就看到陷阱——也許不是次次如此，但已足以改變壓力、健康和生命體驗了。

負面的自我對話

自我對話當然是對自己講話，同時也是你如何思考和自動詮釋事件的慣性風格，可惜這種內在的獨白往往是負面的。眾所周知，我們每一個人都是自己最嚴厲的批評者，人們常常待己甚嚴到不可置信的地步。你做了後悔的事之後，可能會這樣想：「我真是白癡」或「我真沒用」，甚至還會到「我恨我自己」的程度；又或許你分析單一的、令你後悔的行動，然後做個全面性的認定：「我從來沒把事情做對，沒人幫我，事情永遠不會改變。」想想看，如果一個朋友對你說出這樣負面的評價，你會有什麼感覺？你可能覺得沒有希望、悲哀或憤怒，也許再也不會同這個人交往了。

感覺生起壓力、焦慮或恐慌，就好像戴上扭曲現實、加倍憂心的眼鏡，使焦慮的影帶不斷反覆在腦海裡放映，加深恐懼，還引起恐慌，不妨想想「我不夠好」、「沒人了解我」、「我永遠找不到伴」之類的內心想法吧！若失念地以這些想法自娛並且深信不疑，自然會增加壓力、焦慮和沮喪的情緒，不一會兒，自我批判就生起了，如「我不配，我是一個糟糕的人」；「沒人會了解我，因為我跟人家不同，而且是個怪胎，我不屬於人群」；或者「我是世界上最沒人要的人，沒人會被我吸引，沒人會對我感興趣」。正念之美就在於它幫助你學到如何去處理這些想法，這類苦惱的念頭只不過是心理活動，而非事實。

念頭跳入心中時，你可以視為內心的活動，甚至可以在它生起時就察覺，同時注意到它終會消失。同樣地，你可以坐在溪畔，注視葉片漂逝，或抬望天空雲朵來來去去。練習正念之後，你更能覺察心中的現象，而不執著——只是覺察它來來去去。

慣性的思考風格

我們除了任負面的自我對話愈來愈猖獗之外，也很容易陷入慣性的思考風格，覺得進退失據而且情緒低落，這顯然有害健康。這些思考模式往往不自覺地發生，因此你最好熟悉它們，以免掉入它們的陷阱。讀一讀下列各種不同的負面思考模式的描述，然後勾選你有哪幾種。練習的目的並非看你打了幾個勾勾，只是使你更能覺知卡住你的思考風格。若覺知增強，便有機會、有能力從不同的角度來看待事物，或只是視你的想法為心的活動，而非事實。

大禍臨頭感是一種擴大焦慮的思考模式。在困難中，他會期待有災難發生，自動去想像最糟糕的結果，好像玩「萬一碰到最糟情況」的遊戲。例如你告訴別人雨下得很大，他們會回答：「是啊，雨看起來好像永遠不會停了，好像要淹水了，農作物都得完蛋。」

誇大負面並**低估正面**兩者攜手並進，因為貶低或不如實知悉正面經驗，又放大負面經驗，會引發焦慮和沮喪的心情。例如你先說一些正面的事情，然後用「可是」來引入負面的描述，如「我在工作上比較得心應手了，可是還會犯錯。」便貶低了正面力量，加強了負面力量。實驗一下，用「而且」來取代「可是」，給予兩種觀點同等的重量。

讀心術是相信你知道別人在想什麼、感覺怎樣、他們為什麼做出這樣的事情，卻**毫無真憑實據**。舉例而言，你可能錯認某人不喜歡你或要設計陷害你，這樣的詮釋易引發焦慮或苦惱。

當永遠的專家是升高壓力的驗方，因為你無時無刻不在防衛，絕對不能錯，結果你會不斷地受檢驗，不斷為自己的意見和行動而辯護。

「應該」是常見的思考模式，引起壓力之外，還會導致罪疚和憤怒。「應該」指對你自己和他人有一串不可打破的規律。如果你自己打破規律，會感到內疚，因為你沒達到自己的期待，如果他人打破了這個規律，你會很生氣或憎惡。

責備是指讓他人對你的痛苦負責，或讓你負責他人的問題，一旦有所責備，定有你以外的某人或某事造成你的痛苦。然而，一般而言你不可能改變他人，也不太能改變情況——只能期望改變自己。如果你認為事情的解決方法在你之外，你就喪失了有效改變的力量。

任憑這些類型的思考隨心所欲、自由自在，是壓力、焦慮甚至苦惱情緒的配方，只要不加批判地覺察你的思考風格，你便踏出了它們的勢力範圍之外，而且對於內心的運作培養出更多的洞察力。換句話說，你會更有技巧地處理心，而不是讓心來控制你。

負面詮釋

你如何詮釋事件，對你的壓力程度影響很大。讀一讀以下的故事，並注意你的最初反應。你最近交往的人沒有回電，是否意味著你們的感情降溫了，還是那個人最近忙得不可開交？吃了超速罰單，意味著世界要來迫害你，還是你需要開慢一點？表現出情緒，是軟弱的表徵，還是勇氣的表徵？如果你第一個反應是負面的詮釋，並不稀奇，這往往發生迅速而且毫不自覺，我們根本不知道自己在做什麼。然而一旦缺乏覺知，便會在焦慮的感覺和強烈生理覺受中永遠輪迴。正念是一種注意負面詮釋的工具，也是做另類選擇和詮釋的關鍵。事實上，某一狀況有時看起來像一場災難，其實可能是一件禮物。

在此說一位智慧老者的故事來闡明這一點。村子裡每一個人都尊敬一位年長的智者，請他指點迷津。一個夏日，農夫慌裡慌張地跑來找他，說：「智慧的聖者，我不知道該怎麼辦，我的牛死掉了，沒法耕田了，這是天下最糟的事了！」

這位聖者凝視著他，回答：「也許是，也許不是。」農夫滿腹狐疑，就回到家裡，告訴家人聖者根本不是聖者，他簡直失了心，因為牛死掉當然是最糟的事。

次日清晨，農夫出去散步，一邊想著他沒有牛怎能幹活，突然遠遠地看到一匹年輕力壯的馬在田地裡吃草，他馬上想到，要是捉了這匹馬，一切麻煩就都解決了。後來，他果然捉住了馬並牽回家。他恍然大悟自己多麼幸運，因為耕地比以前更容易了。他想起那位聖者，第一時間就去找他，告訴他：「請接受我的道歉，你完全對了，如果不是死了牛，我就不會去散步，也不會捉住這匹馬，你一定同意捉到馬是世界上最棒的事吧！」

聖者凝視著他，說：「也許是，也許不是。」

「你想唬我嗎？」農夫轉身離去，暗想：「真是個怪胎，我再也不會回來找他了。」幾天後，農夫的兒子騎著馬，馬一弓背躍起，他就摔了下來，斷了腿，農場的活也幫不了了。「這真是最糟的事了。」農夫想：「日子怎麼過下去呢？」他想起聖人過去至少還是說過一些智慧的話，就去找聖者，告訴他發生了什麼事：「你一定會看未來，要不然怎知會有這事呢？我不知道我們現在怎麼幹活，這次你總得承認這真是最糟的事了吧！」

這位聖人又是平靜而慈愛地凝視著農夫，回答說：「也許是，也許不是。」這農夫聽了生氣極了，氣沖沖地衝回村子。

第二天，軍隊到村落來徵健康的年輕人當兵，去打一個沒完沒了的仗，農夫的兒子因為腿斷了，是全村唯一沒有被徵召入伍的年輕人，因此沒去赴死。

付諸行動！

注意你此時心中有無任何負面的自我對話，你可能會聽到一些念頭，如：「這對我不會有用的。」或者「我在騙誰啊？事情絕不會改變的。」如果是這樣，問問自己有沒有另一種方法可以看待這個情況，如果你像故事裡那位聖者這樣說：「也許是，也許不是。」會怎麼樣？下週把這個練習帶到你的日常生活中，小心有無自動的負面詮釋和其他心靈陷阱。

正式練習▼十五分鐘正念呼吸

這個練習就是第三章中提到的正念呼吸修行的十五分鐘版本，它幫助你擁有更大的覺知、慈悲心和平靜，重回到此時此刻，這樣一來，對於各種心靈陷阱都是很好的解藥，因此本書也常常以此做為禪修的起始點。要記得，任何時間，你都可以運用呼吸為錨，回到此時此刻，只要將全副專注力放在呼吸上，不加控制，只要自然而正常地呼吸，感覺在鼻端、肚皮或其他感受明顯之處。吸氣時，秉持正念注意呼吸的生起，呼氣時，注意呼吸的滅去。

在放鬆的環境而沒有電話之類的分心因素下練習，可躺可坐，但如果你躺著會睡著，就採取比較直立的姿勢。全神貫注聆聽本書所附練習導引光碟的第四段，或閱讀以下的禪修指導，唸完每一段暫停一下，停的時間比五分鐘呼吸練習長些。

花些時間靜止下來，恭喜自己可以找出時間禪修。

覺知身體上感覺呼吸最明顯的部位，也許是鼻端、頸部、胸部、腹部，任何地方皆可。當你正常而自然地吸氣時，知道吸氣，呼氣時，知道呼氣。只要對呼吸保持覺知，吸氣並呼氣。

沒有必要去觀想、數數目、把呼吸理出頭緒，只要對呼吸具有正念，不加批判，只要注意呼吸如海洋中的潮起潮落。沒有地方要去，沒有其他事要做，只是待在此時此地，注意呼吸——只要一次一吸、一次一呼地生活著。

呼吸時，注意吸氣時氣的生起，呼氣時氣的消退，乘著呼吸的浪頭，一個剎那接一個剎那，吸氣並且呼氣。

有時候，專注力可能會從呼吸跑出去了，你一旦注意到這個情況，只要知道剛才跑到哪裡去了，然後溫柔地再回來專注呼吸。

正常而自然地呼吸，不要操控，只要知道呼吸來來去去。

當禪修結束時，恭喜自己找出這段時間全心臨在當下，知道這是愛的行動。願我們安詳自在，願一切眾生安詳自在。

十五分鐘正念呼吸筆記

第一次練習時，花些時間寫下心理上、情緒上和身體上生起的感受。這跟五分鐘練習對你有何不同？

正式練習▼行禪

正念行禪是脫離壓力和焦慮的頭腦並腳踏實地的大好方法。在日常生活中，行走一般是指從甲點到乙點，你可能覺得你經常走個不停，行禪則不同，它是刻意行走，與甲點到乙點行走的目的不同。行禪是用每一步抵達當下。

如果你能行走，你在日常生活中每天都會行走，卻很少注意。雖然你在嬰兒時期要花上一年左右來學習怎樣運用你的小腳來平衡，但如果你像大多數人，一旦開始走路，就再也不回顧，那麼你現在可能會視行走能力為理所當然。然而，只消想想你的身體和腳的大小比例，就可以說我們人類能夠平衡而且走路真是一個奇蹟。

行禪是注意每一步提起，前移，放下。雖然很簡單，剛開始時，你會發現最好完成了一步，再提起另一隻腳：「提起，前移，放下。提起，前移，放下。」將過程放慢，並且利用動作來發展出身體的細密覺知，一天當中會有許多改變，有時你想走得快些，有時慢些，無論當時情形或個人習性如何，都要全神貫注於體驗「提起，前移，放下」的動作和覺受，我們把行禪當做正式練習，但你不妨在日常生活中非正式地正念行禪。正如書中其他練習一樣，你可以在一天之中一次練習幾分鐘。

找一處可走十分鐘而不受干擾、沒有分心因素的安靜地方，而且可以來回走十到二十英尺的距離，全神貫注聆聽書中所附練習導引光碟的第五段，或閱讀以下的禪修指導，然後再練習。一開始先緩慢行走，腳底從腳踝到趾頭的每一部分碰觸地面時，全神貫注於腳底的覺受。注意行走時身體如何移動，手臂如何來回擺動，如果你注意到心從行禪中跑出去了，只須如實知悉心散亂了，然後溫柔地再回來專注腳底。

以站立開始，花些時間深入感受身體，感受身體和地面或地板的連結。了知四周的環境，花些時間來攝入景象、氣息、味道、聲音或其他覺受，同時觀察並如實知悉生起的念頭和情緒，讓這些覺受和內在的感受順其自然。

身體的重量移到左腳，開始提起右腳，向前移，然後放回地上。正念專注於行走。正念將身體的重量移到右腳，開始提起左腳，向前移，然後放回地上。

一開始先緩慢行走，腳底從腳踝到趾頭的每一部分碰觸地面時，都全神貫注於腳底的覺受。手臂來回擺動，或把手握在身後或身前。注意行走時身體如何移動。

帶著覺知行走，一步接著一步。

繼續行走，一步接著一步，直到預定的盡頭，都不要中斷正念的流動，知道轉身並開始走回出發點的複雜錯綜的過程。

帶著覺知來行走，一步接著一步。

繼續行走，轉身，向回走，一步接著一步。

帶著正念來行走。

行禪筆記

第一次正念行禪練習完成之後，花些時間寫下你在行禪中體驗到的念頭、感受和身體覺受。

非正式練習 STOP

運用正念來減低日常生活中的壓力和焦慮，有一個非正式的方法，我們以縮寫字STOP來表達，這個字一語道出了將身心帶回平衡一個非常簡單而有效的方法。

S—停下來（Stop）

T—吸口氣（Take a breath）

O—觀察（Observe）

P—繼續（Proceed）

在一天當中，很多時候你並不知道內心生起了什麼現象，花些時間停下來、吸口氣、觀察正在發生的事，包括自己的念頭、情緒和身體覺受，你可以重新和自己的感受相連，然後更有效地繼續並回應，這個練習可以揭露許多事實，也許你肩膀很緊、上下顎很緊或身體很緊，也許你餓了、倦了或需要休息一下，也許僅只是提醒自己回到當下。只要感覺緊繃或苦惱的時間都可以練習，可以在某些活動之前或之後來做這個練習，甚至可在一天中排定不同的時段來作STOP並檢查自己。我們認識一些人用時程調度軟體來設定每小時跳出來的視窗，以提醒自己，不妨盡量發揮創意，找出不同的方法來作STOP並回到當下。我們每個人都能用更深的平衡和平靜，來積極管理自己的健康，並發掘潛力來體驗一切時刻，無論那時刻多麼困難或多麼尖銳。

〔常見問題〕

禪修時，有時我會感覺憤怒、焦慮、悲哀、困惑或害怕，我如何接納或放下我的情緒？

首先，你不需要接納它們，接納意味可以跟它們同在或很安詳自在。先如實知悉直接體驗到的感受，正念鼓勵你如實知悉自己一切的情緒而不是努力接納，不加審查。一開始，先觀察到抗拒情緒痛苦常常引起更多的痛苦，學著和它們「同在」而不與之奮鬥，我們跟痛苦的關係往往會改變或消失，「與痛苦同在」的概念意味著你如實知悉身心之內所感受到的一切現象，這讓身體覺受和情緒的浪頭流向它們需要去的地方，順其自然。

談到放下情緒，我們建議你集中於順其自然，這和放下不同，你若清楚如何真正放下，生活會容易得多，但往往非常困難。若學著順其自然，你就如實知悉了痛苦，並且給痛苦提供一個空間，讓它去需要去的方向。你若學到與事物同在，而不跟它格鬥，受苦和抗拒就隨之減少。禪修時，若身心感受到恐懼等情緒，就順其自然，不要努力改變它或推走它。知道這情緒在你身心中如何體現是一個珍貴的訊息。在練習之外，你可以運用這些覺受來提示自己，知道恐懼、焦慮或騷動。你若能與一切情緒和相關的生理覺受同在，便會知道生起的一切現象（包括最令人困擾的情緒和相關的生理覺受）最終都會消失。

※計畫並檢視你的練習

在本章中有幾個正式練習，下週就在行事曆上排定練習時間，一週至少練習五天，同時在一週之後排出一個時間來檢查你的練習，看看進行得如何。

正式練習

○十五分鐘正念呼吸

○行禪

現在你有四個非正式練習，可整合到日常生活中。

非正式練習

○STOP

○將八個正念心態帶入生活

○正念與生活打成一片

○正念進食

正式練習紀錄

每次正式練習之後，都填寫以下紀錄。填寫並回顧上週的練習時，想想看這些練習進行得如何，你注意到哪一模式對你最奏效嗎？你如何保持練習不輟？

日期和正式練習	時間	練習當中生起的念頭、感覺和身體覺受，以及你後來感覺如何

非正式練習的觀照

每天應觀照至少一件非正式練習，可以利用你從這些觀照所學得的，使日常的非正式練習更加深入。

練習	是什麼情況？	之前你注意到什麼？	之後你注意到什麼？	你學到什麼？

第五章

身體的正念

你顯然需要身體才活得下去，這一世你也不會再得到另一個身體。你的身體可能有些部分經過手術移除或替換，但是沒聽說過全身移植這回事。在生命旅程中，你住在身體這個工具中，必須照顧它，促進它的健康和長壽。若能對身體保持正念，你會了解身體需要和不需要的，促使身體蓬勃繁茂。正念也可以揭露許多世界和生命的實況。藉著身體的正念，你了解到壓力和焦慮如何影響你，也學到連身體痛苦和生病時也能活得更好。我們在此介紹一種久經驗證的修行方法：身體掃描，助你打開這一扇門，使你對身體更具有正念。我們也會探索如何處理身體疼痛、情緒和身體覺受之間的關係，以及如何運用身體覺受來處理情緒。

覺知身體的好處

身體掃描禪修是深度探究身體每一剎那的體驗。身體掃描可覺察並如實知悉身體的感受，對於處理壓力、焦慮和身體疼痛都很有用。雖然你可能聽過有些禪修以引發靈魂「出」竅經驗為目的，然而身體掃描的專注目標卻是要你有體「內」的體驗。我們大多數人都可以開發這種覺知而得益，如果你像大部分人，記掛未來或過去，想像各種故事腳本，思索抽象觀念，或一心想著自己的事，你大概有很多時間都生活在身體之外。詹姆斯．喬哀思（James Joyce）有一個短篇小說「痛苦的個案」（A Painful Case），主角杜菲先生（Mr. Duffy）是一個「活得離他的身體有一點距離」的人（2006, 86），你在杜菲先生身上看到了自己嗎？

身體掃描的方法是專注於身體，從左腳開始到頭頂結束，你會注意到各種不同的身體感覺，如癢、疼、麻、痛、輕、重、暖、冷，不一而足，還有中性感受，有些身體覺受可能會伴隨念頭或情緒。你練習身體掃描時，大量的身體覺受和內在感受可以濃縮成三個基本的感受：愉悅、不愉悅和中性。身體是一個動態有機體，不停改變，因此每次身體掃描都不會一樣，但你繼續練習的話，會發現瑪莎•葛蘭姆（Martha Graham）的觀察真是聖明：「身體說出了話語所說不出的。」（Hanna 2006, 33）身體有它自己的智慧，如果你傾聽，它傳達出了身體內緊繃、念頭和情緒的所在，這個對身體覺受、念頭和情緒的探究，有時候稱為覺知的三角，因為它是進入人類全面體驗的旅程。

練習身體掃描時，起先只是察覺你的身體覺受，這和「想」你的身體不一樣，並不需要分析或操控身體，只要感受並如實知悉當下的身體覺受。藉由這個深刻的探究，身體揭露出一整串的感受。這樣一來，你便連結上生命中的許多層面。

正式練習▼ 身體掃描

身體掃描是連結上我們身心的絕佳方式。在一個放鬆的環境之下練習，沒有分心的因素，我們建議躺下來作身體掃描，但如果會睡著，或寧願坐著或站著，也是可以的。全神貫注聆聽練習導引光碟，試著做整個四十五分鐘的練習（第八段），然而如果你時間不夠，MP3光碟也包括了三十分鐘的版本（第七段）和十五分鐘的版本（第六段）。如果你用讀的，每唸完一段，暫停一下，將這個練習做足四十五、三十或十五分鐘。

花些時間靜止下來，恭喜自己可以找出時間禪修。

做正念檢查，深入感覺身心，只是任念頭，情緒和身體覺受的浪頭順其自然。

也許你忙了一天，這是你第一次停下來，當你開始進入「成為」的世界，而非「作為」的世界，你可能會注意到你內心一直帶著的感受。

沒有必要去批判、分析、把事情理出頭緒，只是待在當下，與在場的一切現象同在。

一旦可以了，將專注力轉移到呼吸。

現在覺察呼吸。

正常而自然地呼吸，集中專注於鼻端或腹部，吸氣時，知道吸氣，呼氣時，知道呼氣。

有時候，心可能從呼吸覺知中跑出去，若發現了這一點，就如實知悉剛才跑到哪裡去了，然後再回來專注呼吸，覺知吸氣和呼氣。

要轉移到身體掃描時，溫柔地將覺知從正念呼吸抽回來。當你掃描全身，可能會碰到一些緊張或繃緊的區域，如果你能軟化它們，就這樣做，軟化不了的話，就順其自然，隨身體覺受如漣漪擴散到它們需要去的方向，這不但適用於身體覺受，也適用於一切情緒。當你掃描身體，對一切身體覺受或從覺受而來的念頭或情緒，都秉持正念。

將覺知帶到左腳底，感覺腳接觸地板的地方，也許是腳踝後方或左腳腳底，深入感覺那感受，感覺左腳腳踝、腳底圓鼓的肌肉和腳底。

深入感覺腳趾和左腳頂端，回到腳腱，上至左腳踝。

現在將覺知上移至左小腿，感覺腿肚和脛，以及它們和左膝的連結。全心臨在當下。

將覺知上移至大腿，深入感覺大腿以及大腿上部和左臀相連。

現在將覺知從左臀抽回來，下降到左腳，轉移至右腳，感覺腳接觸地板的地方，也許是腳踝後方或右腳腳底，深入感覺那份感受，感覺右腳腳踝、腳底圓鼓的肌肉和腳底。

感覺腳趾和右腳頂端，回到腳腱，上至右腳踝。

現在將覺知上移至右小腿，感覺腿肚和脛，以及它們和右膝的連結。全心臨在當下。

將覺知上移至大腿，深入感覺大腿以及大腿上部和右臀相連。

溫柔地將覺知從右臀抽回來，移到骨盆區域，感覺排泄、性、生殖系統，感覺生殖器和肛門區域，對任何身體覺受、念頭或情緒，都秉持正念。

現在將覺知上移至腹部，進入肚皮，消化和吸收的大本營，覺知內臟，順其自然。

將覺知從肚皮抽回來，移至尾椎，深入感覺下、中、上背部，體驗身體覺受，軟化緊繃之處，軟化不了的，就順其自然。

將覺知移至胸部，進入心臟和肺臟，全心臨在當下，感覺進入肋骨和胸骨，然後進入乳房。

現在溫柔地將專注力自胸部抽回來，將覺知移至左手的指尖，深入感覺手指和手掌，然後手背，再上至手腕。

繼續進入下臂、手肘、左上臂，體驗身體覺受。

現在將覺知移至右手的指尖，深入感覺手指和手掌，然後手背，再上至右腕。

繼續進入下臂、手肘、右上臂，體驗身體覺受。

將覺知移至雙肩和腋下，然後上升到頸部和喉嚨，全心臨在一切身體覺受、念頭或情緒。

現在，覺知上下顎，然後溫柔地進入牙齒，舌頭、口和嘴唇，讓一切相應的覺受去它們需要去的地方，順其自然。

深入感受臉頰，深入頭部的鼻竇、眼睛、眼睛周圍的肌肉，深入感受額頭和太陽穴，全心臨在當下。

將覺知移至頭頂和後腦，深入感覺耳朵和頭的內部，進入大腦，全心臨在當下。

現在擴張覺知的領域至整個身體，從頭到手指到腳趾，從頭部到頸部到肩部、手臂、手、胸部、背部、腹部、臀部、骨盆、腿和腳。

感覺身體為一整體的有機體，有不同的身體覺受、念頭和情緒，全心臨在當下。

吸氣時感覺身體升起並擴張，呼氣時降下並收縮，感覺身體為一整體的有機體，全心臨在當下。

結束身體掃描時，恭喜自己找出這段時間全心臨在。知道這是愛的行動。

願一切眾生安詳自在。

身體掃描筆記

能連繫上自己的身體，並找出在哪裡感覺到並產生壓力和緊繃，不同的情緒都住在哪裡，真令人讚嘆。當你深入感覺身體，可能會浮現大量的感受、念頭和體驗，你也應該知道有時候你可能沒什麼感受，這也是可以探索的，毫無感覺或中性感覺是什麼感覺？當你深入感覺身體，如實知悉並確認各種體驗，不放過任何一個。許多人常常感到莫名的疼痛，練習身體掃描之後，你會發現這些疼痛其實反映了你的緊張或情緒，也許儲存在胸部、頸部、上下顎、肩膀、背部或胃部。身體掃描使你更能察覺身體哪一部分帶著緊繃或情緒嗎？花些時間來觀察你是否感到身體上的壓力、焦慮、得意、悲哀、喜悅、憤怒或其他情緒。第一次練習時，寫下你在心理上、情緒上和生理上所生起的一切現象。

〔常見問題〕

如果我沒有任何感覺，我的身體掃描做對了嗎？

我們應該知道，中性的覺受也是身體掃描的一部分。人類一般有三種類型的覺受：

愉悅、不愉悅和中性的。如你感覺到中性的覺受，只要正念它是中性。當你更深入身體掃描練習，你會覺察到愈來愈多的微妙感覺，就好像你去海邊，剛開始只聽見波浪很大的拍打聲，過了一會兒，你開始可以分辨拍打聲中較小、較細微的聲音。身體掃描也是如此，當你深入練習，你會感受到愈來愈多的身體覺受。

如何處理身體疼痛

我們的身體有時候難免這痛那痛。如果你有慢性疼痛，也許就是你來練習本書的部分原因，要不然，你一面練習身體掃描，一面會覺察到你有疼痛或習慣將緊繃存於身體的某一部位。處理疼痛的第一步是評估它是急性還是慢性，急性的疼痛通常有其生理原因，而且常常和新傷或身體問題有關，可能需要立即送醫；慢性的疼痛雖然也有生理原因，但較可能和認知或情緒的因素有關，如悲傷、憤怒、恐懼或困惑。

正念禪修對於慢性病疼痛很有幫助（Kabat-Zinn et al. 1986），將正念應用於慢性疼痛，有三個重要步驟。第一步個是探究——深入感覺你的身體，感受你如何儲存起緊張和疼痛。第二步是處理對疼痛和緊繃的情緒反應。第三步是採取比較哲學性的方法——學著去活在此時此刻，一剎那接著一剎那來處理疼痛。

第一步：探究身體疼痛和緊繃

疼痛的時候，要集中專注於身體和覺受，聽起來是違反直覺的，甚至有點嚇人。想要逃避痛苦或找事來分心，不是很正常很自然嗎？為什麼要覺知不舒服的地方？除掉它不是好得多？然而，如果你不知道自己如何抱著身體的疼痛和緊繃不放，無意中可能還增加了疼痛和緊繃，這就是正念可以效力的地方。

對疼痛的自動反射常是收緊，使痛點附近變得更緊，可惜這樣不但增加身體疼痛，而且展開惡性循環反應，使你憤怒、恐懼、悲哀而且困惑，也會更進一步壓縮肌肉並限制血流，加劇痙攣和疼痛，還可能造成身體其他部位的痙攣和疼痛。這個循環很難終止，有時候，你會發現你緊縮的不只是疼痛周邊，而是整個身體。

身體掃描讓我們重新調整跟緊張和疼痛同處之道，並處理疼痛，只要先區別出是生理覺受還是心理或情緒感受，重新教育自己如何對待疼痛，你便可以學到強烈的身體覺受僅僅是身體覺受而已。我們說過，和身體的緊繃和疼痛共處非常困難，而且會引起高度的壓力和焦慮，所以最好多學一些技巧來處理並減少疼痛。

你一旦覺察到你如何抱著身體疼痛不放，便會清楚如何處理。例如你下背疼痛，身體掃描之後，你發現緊繃擴張到頭頂——整個上身都被疼痛收緊了，難道除了下背之外，我們還需要把更多的地方收緊嗎？其實是你抱著肌肉骨骼的緊繃不放，因而加劇了疼痛。

所以，如何處理收縮的緊繃和疼痛那片廣大區域？正念覺知不單單讓你看到你在哪裡抱著不必要的緊張，同時會助你軟化或釋放那些可能根本就沒有疼痛的緊繃區域，正念同時也教你，你若不能釋放緊繃，卻可以練習乘著它的浪頭，僅僅觀察，順其自然，讓它們去向它們需要去的地方，你也可以給身體覺受一些空間，讓它們去當去的地方。正如池塘的漣漪圈圈向外擴散，可能違反直覺，卻是療癒的基本步驟，不要將能量投入奮戰或抗拒疼痛，學著和疼痛共存，學著和疼痛共存，這是上溯到佛陀的遠古智慧，佛陀告訴我們，有抗拒就有痛苦。

第二步：處理從身體疼痛而來的情緒

我們處理身體和情緒上的痛苦為什麼如此困難？是因為我們的教養嗎？我們活在一個否認疼痛存在的文化裡嗎？我們的確接收到許多文化上的訊息，鼓勵我們緊抿上唇並鎮壓、抑制、避免或否認疼痛和其他感受。

另一方面，正念提供我們一個通路，來處理我們不適的情緒，這種情緒常常在身體疼痛時生起，諸如憤怒、暴怒、悲哀、困惑、絕望、悲傷、焦慮和恐懼。將正念覺知帶到情緒上，會讓你如實知悉情緒，無論是何種情緒，確認並如實知悉它，不審查，也不抗拒。在身體疼痛上，抗拒令人不適的情緒往往引起更多的疼痛，反過來說，我們若學著順其自然並與它們同處，不去格鬥，往往可以減少或改變它們所帶來的痛苦。不要跟令人困擾的情緒纏鬥，只要讓你的感受待在原處並如實知悉它們，讓情緒的浪頭流到它們需要去的地方。

前面提過「如實知悉」和「接納」之間，「順其自然」和「放下」之間的分野。「如實知悉」只是如實看待事情，不管你喜歡不喜歡，而「接納」是和事物原原本本的面目和平相處，如果你感覺到疼痛，要你和疼痛和平共存，恐怕很困難，但即使你不能接納疼痛，也可以如實知悉疼痛。同樣地，「順其自然」和「放下」不同，「放下」指的是放它走，「順其自然」只是提供一個空間，讓它們原原本本地存在，有如天空給暴風雨一個空間，你也可以給情緒一個空間。

如實知悉情緒的痛苦可助你產生更深的理解、慈悲和平靜。只要你更了解身體的疼痛、情緒反應，以及這兩者有何不同，你便會看到身苦和心苦兩者有何差別。甚至，有時你不能改變疼痛的身體覺受，卻可以改變你對它的情緒反應，因此少受些苦。換句話說，身體的痛苦是一個現實，但是受不受苦是可以選擇的。身體的確有疼痛接受器，而且是設計來感覺疼痛的，事實上，在某些狀況下，疼痛可以預防受傷，是件好事，然而，你對疼痛的情緒反應握在你自己的手中，假以時日，熟能生巧，你一定可以學著去感受疼痛，卻不受那麼多苦。

第三步：活在當下

第三步是活在當下。你其實只能活在此時和此時，這是你唯一可以做改變的時刻。你認同壓力、緊繃或慢性疼痛等同於自己時，固然可以想成是一個長期問題或無期徒刑，但這個心態會將你從當下帶出來，受更多苦，正念則教你駐在此時此地，因為你並不知道未來會如何，也不知道壓力和疼痛會不會一直持續下去，我們藉著正念修行，學著和疼痛共處，一剎那接著一剎那，發展出一個心態：「讓我們看看我可不可以在當下與疼痛共處，如果疼痛在下一個剎那又生起，那就到時候再處理它。」

深入正念修行之後，你會重新與自己相連，並發現新的策略來處理緊繃和疼痛。你不會被「不適」抓來當人質，可以培養出從緊繃和疼痛中學習的心態。只要你學著放下過去，也不執著從某一觀點看未來，你便有與日俱深的解脫感，並能做新的選擇，而看到事物當下原原本本的面目。這種觀點會轉化你，轉化你的疼痛，轉化你和疼痛的關係。

非正式練習 覺察身體的疼痛

感受到壓力、緊繃、情緒痛苦、慢性身體疼痛，大部分人都會立即反應，想逃開這個不愉悅的感受，然而，你也可以用不同方法和它們相處，也就是專注於你在那一刻把疼痛抱在身體裡不放的現象，如果你能軟化那個部位就好，如果不能，看看你可不可以採取正念心態，只是乘著身體覺受的浪頭，順其自然。

下週整週，請做一個非正式練習，將你的專注力帶到身體覺受或情緒，只是注意感受，將初心和溫柔的好奇心帶到感受上，把感受抱在覺知中疼惜，只是順其自然。任憑身體或情緒覺受原原本本地存在，不加抗拒或批判。若想幫助自己記得練習，不妨在電子曆中設定一個跳出來的視窗來提醒自己，譬如說：「身體如何了？」

身體中的情緒

身體掃描可以幫助你連上令人困擾的、絕望的，甚至招架不住的情緒。第一步是學著更快地辨認情緒，然後更有創意地去處理它們。以焦慮為例，如果你不能察覺當下的焦慮，它可能會影響到你的行為，結果一點也沒有減輕焦慮，反而增加了焦慮。身體掃描也可以幫助你和身體覺受的頻率調到一致，而且可以做為標竿，告訴我們是不是生起了某種情緒。你一旦焦慮，可能會注意到胸緊，肩部和背部緊繃，胃部痙攣，這時你可以應用生理覺受的覺知來警告自己可能太焦慮了，這讓你在雪球愈滾愈大之前，去處理情緒。

在此有一個真實的案例可以充分說明這一點。喬在一場車禍中失去了好幾位家人，他覺得好像失去微笑的能力了，他對這一點非常侷促不安，別人對他微笑時，他馬上就轉身走掉或垂下眼睛。心理治療師問他，當別人向他微笑，他身體覺得如何，喬說他沒有注意到什麼，在治療過程中，他們就用身體掃描讓喬更能察覺身體的覺受，心理治療師帶領他走一趟想像之旅：他們走上街，注意人們對他微笑，觀想中，心理治療師鼓勵他注意身體的覺受，喬察覺到他胸腔緊迫，肩膀緊繃，脖子也會低垂，喬於是了解到生理覺受標示出他不自覺的恐懼，接著是自我批判，然後是別過頭去逃避的反應循環三部曲。

當喬繼續練習身體掃描，他對這些身體覺受更為警覺了。他真的走上街時，注意到自己產生的覺受，很快地，他就能利用身體覺受為訊號，踏出不自覺的反應，全心臨在當下，並選擇不同的回應，他於是選擇將頭轉向對他微笑的人，練習也對他們微笑。不久，他微笑得更自然了，這樣又促進了興奮的念頭和感覺，並舒緩了身體中的慢性緊繃和緊張。

鮑伯的故事：班叫了一聲哎喲！

幾年前，我的小兒子班從樓梯上摔下來，撞了頭，幸好沒有大礙，但是很痛，他當然不喜歡痛，就大哭大叫起來而且氣極了。幾位朋友跑過來幫忙，有人從口袋拿出一塊糖，說：「給你，班，吃了糖就會好過多了。」我謝謝朋友，並請他不要給班糖果，因為我覺得哭泣是很合理的回應。第二位朋友過來，開始向班做鬼臉，努力逗他笑，說：「你沒事啦！班。」我也謝謝他，然後請他不要再逗班笑，同時向他解釋，班撞了頭後大哭是很恰當的。

班繼續地哭而且大叫大嚷，我只是抱著他，如實知悉並確認他的痛，班告訴我：「爹地，撞了頭好痛。」我回答說：「對，班，撞了頭真的好痛。」班終於安靜下來，過了一會兒，他朝我看，說：「爹地，我們走吧。」

開車回家的路上，我知道我已經目睹了一個完成的經驗，班不需要再進一步處理他的撞頭事件了，步驟都完成了。另一方面來說，如果我讓他吃糖或用笑來抹煞他的痛，而且以後每次痛的時候都如法炮製，他就會以為哭和生氣是不好的，這樣一味鎮壓並抑制感受，對健康是有害的。

覺知情緒的障礙

覺知情緒有許多障礙，其中有四種特別值得注意。第一種障礙是，有時候你會忽視或貶低情緒。假如你成長過程中是這樣，你被告知不必焦慮、害怕、悲哀或憤怒，可是這些卻正好是你的感覺，這很可能告訴你，你不會判斷自己的情緒，同時你需要壓抑這些情緒。情緒就像其他事物一樣，來來去去，一旦受到限制或抑制，便會在身心中產生壓力。

第二種覺知情緒的障礙是，一般人都錯將念頭和情緒混在一起。每次你說：「我感覺……。」其實你可能是要去描述一個念頭或批判，而不是情緒。舉例而言，有一位名叫茱莉的諮談對象常常說：「我感覺我的生命失去了控制。」當她學會區別念頭和感覺之後，她知道了「失去控制」是念頭，而不是感覺，她便開始注意焦慮和困惑的情緒如何與失去控制的念頭連在一起，這也在她身體中顯示出來，她感到胸部和肩部的緊繃。她用此做為情緒狀態的訊號，也提醒她該轉移覺知，去區別念頭和情緒了。每當茱莉感覺焦慮，然後實際去找她失去控制到底有什麼憑據，她便了解到，她其實在生活的很多層面都是有控制能力的。

我們現在來進一步廓清，想想看人們常說：「我覺得我很笨。」「我覺得我沒用。」「我覺得無助。」再一次說明，在此，想法也許是「我很笨」（或者沒用，或者無助），但是情緒其實是羞愧、悲傷或恐懼。念頭跟情緒混淆，往往是因為情緒躲藏在念頭背後，你不自覺地想保護自己，不想要覺知情緒。能區別念頭和念頭以下的感受的好處就是，你會看到挾持你的念頭把世界上了一道顏色，並且把你埋進更深的壓力、焦慮，甚至還有憂鬱症中。

第三種覺知情緒的障礙是，覺知是無形的，因此很難定義。你知道花就是花，因為有人指給你看，並告訴你花的名字，你可以感覺它、看到它、觸摸它，但沒有人可以截然指出恐懼、悲傷或罪疚，所以當你一路長大，你必須自己去體驗並辨認它們。

第四種障礙是，我們大多數人對情緒找不到適當的字眼，許多人在一種不鼓勵討論感受和情緒的文化中長大，因此我們沒有學到如何去描述情緒，下一個練習會助你發展出比較豐富的情緒字彙，也更能覺知特定的情緒如何在身體上表現出來。

探索 辨認身體中的情緒

有時候我們聽到這樣的說法：基本情緒只有一小撮，其他情緒都是基本主題的變型，這並不能適切的表達出情況複雜性，不過倒提供了一些結構，讓我們更熟悉情緒的多元性。在這項練習中，我們將感覺好和感覺不好的情緒分類，提供一個出發點，來發展出更廣的情緒字彙，以便對情緒更有覺知。當你閱讀以下的清單，挑選一些你比較熟悉的情緒，然後寫下身體內哪裡有這些情緒？情緒如何顯示出來？一邊閱讀這些情緒字眼，你一邊有什麼想法和影像浮現心頭？如果你一時無法將特定情緒和身體覺知連上關係，或者你想不出寫什麼，要知道，以後總可以再回頭來填寫。

恐懼：憂慮、焦慮、苦惱、急躁、神經質、恐慌、緊張、不自在、擔心、害怕、感覺招架不住。

困惑：張惶，不確定，困擾、難解、不知所措、混亂、朦朧、不清楚。

憤怒：惱怒、擾動、生厭、毀滅性、嫌惡、嫉妒、挫折感、焦躁、慍怒、鬧彆扭、暴怒。

悲哀：疏離、悲痛、絕望、失望、消沉、悲傷、不抱希望、缺乏安全感、孤單、苦楚、不快樂、抵制。

羞恥：罪疚、困窘、侮辱、惋惜、悔恨、羞辱、屈辱。

愛：愛慕、激發、吸引、照顧、慈悲、渴望、喜愛、迷戀、仁慈、愛意、嚮往、溫暖、同感、多愁善感。

喜悅：有趣、狂喜、知足、熱望、興高采烈、享受、熱衷、興奮、快活、希望、樂觀、歡樂、滿意。

我們也許並不是生來就能注意情緒住在身體哪一部位。要知道，只要你繼續練習身體掃描，你就會對身體覺受以及身體覺受和情緒的關係更為敏銳。日常生活中可不時重新閱讀本練習中的情緒清單。當強烈的情緒生起，試著花些時間懷著正念與身體頻率調到一致，以發現和情緒有關的身體覺受。

繼續閱讀之前，花些時間連繫上呼吸，並且正念觀照你剛才所寫的，慈悲地如實知悉、確認並整合你在這探索中所學到的一切。

依立夏的故事：親近情緒

雖然我過去很自豪自己善於覺察情緒，其實我在這方面是有些障礙的。我沒發現的是，有時候當悲哀或恐懼生起，我的神經系統便視這些情緒為威脅，我不自覺的反應就是改變話題，或想去改變這個情況，或者乾脆打開電視——換句話說，就是不計一切代價來逃避。當妻子告訴我，我有時候想逃避不自在的情緒，我予以否認，畢竟我已在自我覺知上下了不少工夫。

然而，這麼多年來，我學到妻子常常是對的。每想到這一點，我便悟到自己無論跟親近朋友、家人或認識的人在一起，有時身體會僵硬，臉會緊繃，盡可能找機會不去真正參與互動。我觀察自己的反應，並探究底下的原因，發現往往在我想逃避痛苦的互動時，這樣的事就會發生，而且常常是和親近的人在一起才會發生。這是有道理的，因為這些人際關係一般來說是最有可能招致痛苦。

經過這一連串的洞察，我知道到自己可以用身體的僵硬或臉上的緊繃來提醒自己感到不自在了，但是這樣我又碰到一個僵局：我的情緒字彙非常有限，我唯一能用來描述我的情緒狀態的字眼就是「不自在」和「痛苦」，於是我努力於建立情緒的字彙，開始看到我其實感覺到急躁、神經質、憂慮——這些感覺都跟恐懼有關，當我更深入探索，我可以感到恐懼在我的胸腔燃燒，就在我的心臟之上，然後有一個影像閃過我的心，我心裡有一個小男孩，從牆縫中偷窺，然後說：「噢，不要，我不要出去。」我對心裡的小男孩所受到的傷害和痛苦，抱著寬大的悲哀和慈悲。

有時候即使我已經和人發生連繫，卻仍有撤回連繫的衝動，這讓我如實知悉自己有著衝動，然後我覺知那恐懼——並不批判是好是壞，只是順其自然，繼續連繫著自己的感受。這對自己和人際關係都非常有療癒作用。

付諸行動！

就是現在，花些時間來檢查身體感受如何？身體是否送來情緒和念頭的訊號？有沒有任何緊張、疲倦、緊繃，還是沒事？當你對身體和它的訊息秉持正念時，注意生起了什麼現象？仔細聆聽，身體也許有重要的訊息，正想和你溝通呢！

你的壓力有多大？

恭喜！你已經練習了半本書了。給自己時間更全心臨在於你的生活，是多棒的禮物！接下去閱讀以前，花些時間回到引言第43頁的結尾「什麼使你感到壓力？」的練習，利用這個機會重新檢視當時寫下的壓力來源，並且評估現在處理得如何了。

若要使這個評估成為一個正念的過程，在計分前，花些時間做正念呼吸並且檢查你的身體，然後花些時間想想每一個壓力來源，並且看看你現在跟以前感覺不同還是相同，自從你第一次做這練習之後，如有任何新的壓力來源產生，就將它們加入清單，並且評估壓力度的大小。

這個非正式評估並無意取代臨床的評估，只是幫助你確定自己現在感受如何，然而，如果你大部分的壓力來源分數都非常高，你最好在練習本書的同時，也配合健康照顧或心理健康的專業人士諮詢。

※計畫並檢視你的練習

在這整本書裡，我們會繼續提供各種正式和非正式的正念修行練習，助你培養身心健康的感受。你可能因為諸多理由，做不完所有的練習，我們鼓勵你將這個旅程視為你自己的旅程，並且找一個適合你生活的方式來做這些練習。你或許會發現，有些練習比其他的練習更能充實生命，也或許會發現有時候你連續好多天都不練習，也不要批判或呵責自己。要記得，只要你一注意到，你就再度的全心臨在了，過去的就隨它過去，給自己空間練習。

下週除了練習身體掃描之外，我們建議你繼續練習正念行禪，至少一週五天，這是將本章所述的方法擴展到身體動作上的好方法，下週將這兩個練習排在你的行事曆上，試著每天或是幾乎每天練習，同時在一週之後排出一個時間來檢查你的練習，看看進行得如何。

正式練習

○身體掃描
○行禪

現在你有五個非正式練習，可整合到日常生活中。

非正式練習

○覺察身體的疼痛
○STOP
○將八個正念心態帶入生活
○正念與生活打成一片
○正念進食

正式練習紀錄

每次正式練習之後，都填寫以下紀錄。填寫並回顧上週的練習時，想想看這些練習進行得如何，你注意到哪一模式對你最奏效嗎？你如何保持練習不輟？

日期和正式練習	時間	練習當中生起的念頭、感覺和身體覺受，以及你後來感覺如何

非正式練習的觀照

每天應觀照至少一件非正式練習，可以利用你從這些觀照所學得的，使日常的非正式練習更加深入。

練習	是什麼情況？	之前你注意到什麼？	之後你注意到什麼？	你學到什麼？

第六章

深入正念修行

我們在第三章介紹了正式的正念禪修，列舉了對正念修行非常重要的八種心態，引介了正念呼吸，也談過心不免散亂該怎麼辦，又對正式練習的身體姿勢做了建議。那一章裡的正式練習是五分鐘的正念呼吸。第五章裡，我們以全部篇幅介紹身體掃描，這一切都是本章主題的基礎，正式的正念坐禪，始於正念呼吸，逐漸擴大到身體覺受、聲音、念頭和情緒，最後是無揀擇的覺知，也稱為當下覺知，長時間坐禪會使身體僵硬，因此這一章也包括了正念瑜伽練習來避免此一缺憾，同時也助你加深對身、心、身心連結的正念。你只要在坐禪中更深入正念修行，會更能察覺念頭和感受，同時也更能察覺不利於你的行為慣性模式。這樣用初心來觀察你的行為，你會看到其他可能性的存在——這是我們選擇要有不同作為的重要第一步。

正式的正念坐禪

從表面看，正式的正念坐禪就像一般對禪修的觀念：坐著，靜默觀照。只要你察覺到身心體驗不斷改變的本質，很快就會發現這項修行其實非常豐富而深刻。由於集中注意呼吸、身體覺受、聲音、念頭和情緒持續不斷形成，然後消失，你會瞥見萬事萬物的無常本質——也看到這種覺知所可能帶來的解脫境界。當你僅僅坐著，與當下的一切現象同在，用初心如實知悉，不加評斷或批判，也不刻意非求得某種特定結果不可，平等心便會更廣闊，更能順其自然。假以時日，熟能生巧，還會培育出更廣大的智慧和慈悲。我們提過，這個修行始於專注呼吸，然後向外擴展到身體覺受、聲音、念頭和情緒，最後是無揀擇的覺知，讓我們來更仔細看看每一項修行。

正念呼吸

坐禪一般從正念呼吸開始，由於你持續吸氣和呼氣，你察覺到呼吸基本上是變動的，於是學到無常和生命的本質。呼吸如海浪的此起彼落，也處於持續不斷的變動狀態之下，來來去去。這是一位很高強的老師，強調生命中每件事物都在改變。要配合這個流動，而不與之奮戰，是完全可能的。我們也從中知道，抗拒愈強，痛苦就愈深。我們很自然總是追求想要的，而且努力保有，同時推走不想要的，然而，這種自我設限往往加強了想要和不想要之間的推拉關係，讓你覺得躁動不安，簡單說，就是受苦！例如你一旦抗拒呼吸的過程，立即會生起不適，很快就感受到痛苦！練習正念禪修時，若僅只與呼吸同在，你會第一手體驗到感受是不斷改變的，從而打開心靈，配合生命的流動，少些抓取或憎惡，多些空間感和解脫感。

正念身體覺受

花了些時間從事正念呼吸之後，你會將覺知延伸至身體覺受，這和身體掃描不同，它的方法並不是掃描一部分一部分的身體，而是覺知每一剎那最顯著、最清晰的身體覺受，這樣注意整個身體的覺受來來去去，對當下直接體驗便更能流暢觀照。人體是一個動態的有機體，有感官的接收器，基本上是不斷起伏波動的，感受到各種不同身體覺受（癢、刺、暖、冷、乾、溼、重、輕、疼痛，不一而足），也許是愉悅、不愉悅或中性的。如果你沒有感到明顯的覺受，不妨將覺知帶到任何一個觸點，如身體接觸坐椅，腳接觸地板，手接觸膝頭——任何感覺有接觸之處。在正念禪修中，不需要去分析或將身體覺受理出頭緒，只要對感官體驗保持專注，注意每一身體覺受的生起和消退。若直接專注身體覺受稍縱即逝的現象，你便能更深入了解變化遷流的本質。

正念聆聽

接著，你將正念覺知延伸至聆聽。聆聽不同的聲音生起並消逝，這樣你又多用一種方式來直接接觸無常。對聲音秉持正念好處很大，一如正念呼吸，我們大多數人都可以無時無處做這項練習，因為許多人都住在吵雜、忙碌的環境中，聲音幾乎經常來來去去。如果一個特定的聲音持續很久，甚至很煩人，如車子的警報器，大聲的音樂，小孩的尖叫聲、車子來來往往、飛機飛過頭頂。你只要專注聲音本身，不加評斷。在較基礎的層次，我們只聽到聲波。聽覺現象是一直有的，逃避不了，你就是獨處深山野洞或隔音房間，還是聽得到你的脈搏，心跳、耳鳴。無論我們的聽覺環境如何，不要去批評聲音是好是壞，只是注意聲音這無常的現象如何生起和消退。

當你將專注力轉移到聆聽，便轉化了對聲音的不耐煩。沒有必要喜歡或不喜歡聲音，它們只不過是聲音。你可以聽到室外或室內的聲音，專注力更加深入時，還可能聽見體內的聲音。這一切也都只是聲音，出現又消失，沒有必要分析或將聲音理出頭緒，只要對聽覺體驗不斷改變一事保持純粹觀察（bare awareness）而已。

正念念頭和情緒

聲音的修行之後，可將禪修專注目標切換到內心現象（念頭和情緒），轉向專注於心和思想過程本身。你看到並體驗念頭和情緒的內容物——那萬千種酸甜苦辣，便會看到念頭和情緒不斷變動，一如呼吸、身體覺受和聲音，但不會牽扯進心的內容，反而只想感受過程。當你察覺到你編的故事情節和打造的陷阱，就掙脫它們了。

一旦有了正念，你便能觀察並體驗念頭和情緒生起、發展和消失。不必分析它們，也無須理出頭緒，僅僅視為來來去去的心行（mental formation），如躺在草原上注視著雲朵飄過天空，或坐在電影院裡看著影像和聲音在銀幕上變化。換句話說，這個練習僅僅是體驗並正念觀察剎那生滅的心行不斷變化遷流的本質。

在此有個比喻可幫助理解：地球不斷變化的大氣中有許多種類的暴風雨發生——有時候是威力強大的暴風雨，如五級颶風，但即使最強的颶風席捲而來，天空也絲毫不受暴風雨的影響，天空的美德就在有許多空間聽任暴風雨自然發展。在這廣闊的空間中，暴風雨最終都會消逝。就某種意義而言，正念幫助你培養如天空般廣大的內心覺知。修行正念之後，你會觀察恐懼、焦慮和其他情緒的暴風雨，給它們空間來轉化、減弱。你只要觀察並體驗念頭和情緒，並讓它們去需要去的方向，就看到它們是無常的心理現象，並了解到你並不等同你的念頭，你的念頭不是事實，也不能完全定義你是什麼人。一旦將自己從自我設限下解放出來，會產生更深入的解脫和平靜。

無揀擇的覺知

正念坐禪修行最終、最廣的層面就是無揀擇的覺知，或稱當下覺知。這是以當下為專注的主要目標。無揀擇的覺知即是正念察覺連續不斷的當下時刻中，所展現的剎那剎那生起的一切——也就是身心中所生起的一切現象，無論是身體覺受、聲音、其他感官現象，或念頭和情緒之類的心理現象。你雖然從外表看來靜止不動，但當你輕鬆坐下來觀察身心體驗不斷推移的浪濤，內心體驗是大不同於表象的。

身和心是單一的動態有機體，不斷處於變動的狀態，跟從念頭、情緒、身體覺受、聲音、景象、氣味、味道而來的刺激互動。修行無揀擇的覺知時，僅僅觀察身心上最明顯、最迫切的目標，如果沒有特別明顯的目標，不確定要專注何處，你總是可以再回到呼吸、身體覺受、聲音或念頭和情緒，做為安住於此時此地的錨。

這項修行可比喻為坐在河畔，只是注視順流而下的一切，的確，這是最流暢的修行，因為我們觀照每一剎那不斷展開的直接體驗，有時是聲音，有時是身體覺受，有時是念頭和情緒，只是坐著目睹身心的眾多改變。儘管你感到焦慮、痛苦、悲哀、恐懼或困惑的暴風雨，要知道，一旦給它們空間，它們就會逐漸消逝。

〔常見問題〕

我老把念頭當真，怎麼辦？

正念教我們，念頭和情緒稍縱即逝。一如身體覺受不斷變動，心也不斷潮落。去觀察變動中的聲音、味道、氣味、景象和觸感種種身體覺受，視它們為波浪——心行形成，生起，然後消退或消失，念頭和情緒也一樣，許多修行正念的人視心為感官，正如鼻會嗅、舌會嘗、身會觸、耳會聞、眼會觀，心也會想，想是心的工作。你只要感受並如實知悉萬事萬物的無常本質，便會看到每一時刻的確提供了嶄新的展望和起始，這是廣大的解脫境界，也是禪修最大的利益：我們不會受制於心。如果你仍愛執或憎惡某一念頭，或太認真看待念頭，就到室外坐著或躺著，遠望雲朵飄過，觀想自己是天空，念頭是雲朵，便會知道念頭來來去去，一如雲朵。

正式練習▼坐禪

以一種既舒適又能保持警醒的姿勢坐著。聆聽書中所附練習導引光碟或閱讀以下的禪修指導時，務必全神貫注於這項練習。每唸完一段，暫停一下，給自己足夠的時間來吸收(第十段)，然而，如果你時間不夠，光碟上也有十五分鐘的練習(第九段)。四十五、三十或十五分鐘的練習，我們建議練習整個四十五分鐘(第十一段)或三十分鐘

一開始先恭喜自己能夠排定珍貴的時間來禪修，願你知道這是愛的行動。

停下一切作為，並且全心臨在當下，知道身、心、內在的一切——也許是這一天下來諸多事件的感受或念頭，或者近來徘徊心頭的感受或念頭。

只要留一席之地給內心的一切現象並如實知悉，順其自然，不加分析或評斷。

逐漸將注意焦點移至呼吸，正常而自然地呼吸，吸氣時，知道吸氣，呼氣時，知道呼氣。

僅僅覺知呼吸並將覺知集中於鼻端或腹部。如果專注鼻端，呼吸時，感覺空氣的觸感；如果專注腹部，吸氣時，感覺腹部膨脹，呼氣時收縮。

只要一個吸氣接一個呼氣地活出生命，吸氣、呼氣，觀察每一個呼吸出現和消失，只是呼吸。

現在溫柔地將覺知由呼吸抽回來，進入身體覺受，觀察時不要憎惡，不要耽溺，只是在眾多不同的身體覺受剎那變化時如實知悉，並且順其自然。

當你深入感受身體，你可能會發現緊繃的部位，如果你可以軟化或放鬆下來，那就好，如果不能，也順其自然。

如果無法軟化或放鬆下來，如實知悉那持續的感受，並且給予它們所需要的空間，

只要讓一波一波的身體覺受流到它們需要去的地方。

現在，放掉身體覺受的覺知，切換到聆聽的覺受。觀察一切的聲音，但不要憎惡或耽溺，知道聲音最基本的層次——只是你身體用聽覺器官所接收的聲波。

察覺這一層次的聲音，只要如實知悉外在內在、剎那剎那、許許多多不同的聲音。

無論聲音是外在或內在，只要注意它們不斷變化，流露出無常的印記。聲音生起，聲音滅去，聆聽聲音的出現和消失，只是聲音。

現在溫柔地把聲音的覺知轉移到心，轉移到念頭和情緒。觀察心，但不要憎惡或耽溺，只要如實知悉剎那剎那、許許多多不同的心行，就好像躺在田野裡，注視著飄過的雲朵，以同樣方式注視心。

把自己想成一個氣象學家，只要觀察內在氣候模式，卻不加批判，只是和事物原原本本的面目同在，念頭和情緒生起，念頭和情緒滅去，感受它們出現並消失，只是念頭，只是情緒。

你會察覺到心也有自己的心，它會分析，闡明、計畫、記憶，它會製造大禍臨頭感、比較、對比，它會夢想、責怪、感覺悲哀、憤怒、害怕，它會幻想、喜歡某事、不喜歡某事，心非常忙碌地想東想西，念頭生起，形成，消失。去感受它們如何出現並消失，留意它們只是念頭。

觀察並感受念頭和情緒時，小心不要墮入。不要陷入心的陷阱、故事情節和慣性，只要客觀地觀察，順其自然，知道它們會隨著時間消逝。

有時候，也許你會覺知自己陷於念頭和感受當中，甚至一而再，再而三，倒不用批判或呵責自己，只要知道連這份覺知都是回到當下的方法，你的覺知會知道一切心行都稍縱即逝、不斷變化，一再示現無常。你一旦察覺到自己陷入念頭和情緒之中，或在念頭和情緒當中失落，就在那個時刻，你已不再陷於其中了。繼續感受心行不斷變化的本質，你可以把心想成水流湍急的河流——只有念頭和情緒不斷滾滾而去……，如果你對於散亂的心生起挫折感，也可以短暫地回到呼吸來平衡自己。

現在非常溫柔地將覺知從心的活動移開，專注當下本身，以當下為主要專注目標。你若具有無揀擇的覺知，便能正念臨在每一個剎那展開時，身心所察覺到的一切現象，無論是聲音、身體覺受、其他感官經驗、念頭和情緒的疾風驟雨，只要輕鬆坐著，觀察身心不斷變化的浪潮，你也許坐得靜止不動，內心的感受卻與外表看去非常不一樣，你的身和心合起來構成了一個動態的有機體，跟由感官和心而來的刺激互動，這刺激是不斷變化的。

僅僅觀察此刻身心最顯著的現象，如果沒有特別明顯的現象，你不太確定如何專注，總是可以回到呼吸和其他目標，做為安住在此時此地的錨。

這個練習可比喻為坐在河畔，只是觀察順流而下的一切，有時有聲音，有時有身體覺受，有時有念頭和情緒，如果沒有什麼事發生，你總是可以再回到呼吸，以此為錨，坐著並目睹身心眾多的變化。

當你學到運用更廣大的平等心和平衡，給內心生起的一切現象一個空間，你就跟這個流動一致了，你不會格鬥或抗拒，反而會了解並深知一切現象都在變化。

即使你感受到焦慮、痛苦、悲傷、憤怒或困惑的風暴，而且尤其在這些時刻，你會知道，只要給這些感受一些空間，它們就會慢慢消失。

現在，將專注力由無揀擇覺知抽出來，回到呼吸，一呼一吸時感覺整個身體，感受整個身體在吸氣時脹大，呼氣時縮小，感覺身體是單一而完整的有機體，相互連結而且完整。

願你再一次恭喜自己禪修，並知道這對你的身心健康都有幫助，願你知道這是愛的行動。

坐禪筆記

第一次做這項練習時，花些時間寫下心理上、情緒上和身體上所發生的一切現象。

鮑伯的故事：公雞的禪修

在一九八〇年代初期，我跟許多比丘和六隻公雞住在寺院，我從小生長在城市，還以為公雞只在破曉才啼，不多久我就發現公雞幾乎整天二十四小時都在啼叫。

每星期六早上，我們都有全天的禪修，禪堂在一樓，公雞常跳上窗櫺整天「喔—喔—喔」，不一會兒，我就生起氣來，我奇怪牠怎麼「喔—喔—喔」得停不下來，我開始幻想用好多方法殺掉牠們，我可以坐在牠身上、射死牠，毒死牠，燒死牠、割死牠，溺死牠——真是創意無窮。

終於有一天，我跟老師訴苦，梁喋法師責罵我說：「你一點也不懂什麼是禪修，這些公雞是來教你的，聽見、聽見、聽見、憤怒、憤怒、憤怒，坐回去繼續練習！」

時間一久，雞啼逐漸轉化成聲波——不過是生起又滅去的聽覺訊號。這個練習當然不容易，直到今天，有時候生命中的公雞還是會激怒我——真正的公雞和比喻的公雞。待修行漸深，耐心和理解終會取代厭煩。

付諸行動！

現在就停下一切作為，聽聽環境中的聲音，也許是警笛、人聲、蟋蟀叫聲或音樂。首先留意你的心如何迅速將這些聲音分類並產生形象，然後回過來注意聲音只不過是聲音。聲音來來去去時，注意它無常的本質。聆聽聲音，卻不加評斷，是什麼滋味？將這個練習帶到日常生活，並設定一些小提醒，這樣你就會花些時間停下一切作為，並且聆聽聲音，只是聲音，不加批判。

瑜伽和正念

有人說瑜伽是幾千年前印度鄉野地區禪修者發展出來的，他們大部分人都花很多時間坐禪，但長時間坐在一處不動，身體常常會這裡疼那裡痛，心很難靜止下來。因為他們和動物很親近，便開始觀察到各種動物如何伸展身體，似乎好處很大。久而久之，禪修者開始模仿動物，發現身體更柔軟、更強壯了，也發現他們可以坐得更久卻不感不適，心也更安靜、更靜止。這是瑜伽簡單的起源，直到今日，許多瑜伽體位法都還有動物的名稱。

現在你開始練習坐禪了，你可能也需要伸展身體來減輕久坐帶來的疼痛，再加上，瑜伽本來就是正念的身體修行。事實上，**瑜伽**意為將身和心「上軛」（to yoke）來結合兩者，瑜伽不但是正念身體動作很棒的方法，也有很多健康上的利益，像是使日益老化的骨骼、關節、肌肉、器官保持健康、輕盈、柔軟。

正式練習▼正念臥式瑜伽

正念瑜伽指練習瑜伽時，覺知呼吸、動作、姿勢、念頭、情緒。你需要穿舒適的衣服，才不會妨礙動作，也需要足夠的空間，以及在地上鋪上瑜伽墊或鋪地毯。開始以前，你可以看一看以下的系列插圖，熟悉練習中的姿勢，為易於練習，可聆聽練習導引光碟，其中包括三種版本的正念臥式瑜伽：十五分鐘（第十三段）、三十分鐘（第十四段）、四十五分鐘（第十五段），請從第十二段聽起，這是正念瑜伽簡介，要不然，你也可以閱讀以下描述，然後根據文字來練習。如果你沒有固定運動或身體不太柔軟，最好從十五分鐘的版本開始，一路練習上來。在這方面，務必聽從身體的智慧。

一句警語：每個人的身體都不一樣，有些人比較柔軟，有些人則否，練習時，多些慈悲的智慧也不為過，動作緩慢並充滿正念，別一開始就想做到一百一十分，先做到六十分如何？慢慢一點點累積練習總比受傷好。也要注意的是，如果痛了，早些結束姿勢也總比晚些結束、然後痛上加痛好。如果你無法做某個特定姿勢，不妨略過。還可以把以下的姿勢也當做瑜伽姿勢：不做任何姿勢的姿勢，讓自己感受並如實知悉身心上生起的一切現象。從這個角度來看，只要有覺知，你做的事和不做的事都是正念瑜伽的一部分。

仰式

背朝地面躺下，雙手放身體兩側，手掌朝上，正常呼吸幾次。

仰臥伸展全身

吸氣，手臂沿著地板向上揮，伸展過頭，雙掌相對。呼氣，手臂向下揮，回到身側。

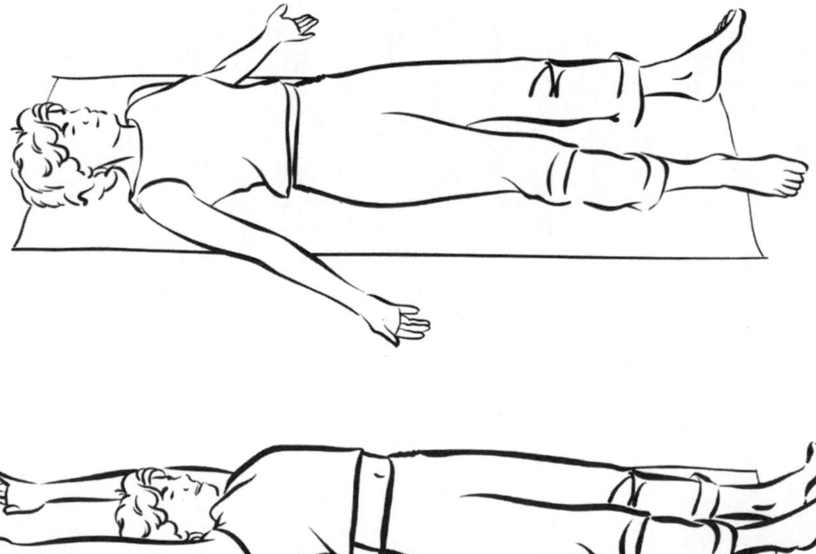

仰臥扭式

從上個姿勢開始，將手臂揮到肩膀的高度，彎曲雙膝，直直提起，雙腳仍放在地板上，然後呼氣，降下雙膝，放至右側，肩膀和手臂貼著地板，頭向左側看，自然呼吸，全心臨在，對任何身體覺受、念頭或情緒的湧動都保持正念。吸氣，並且回到原來的姿勢，平躺，雙膝朝上，腳放在地板上，自然呼吸。然後換邊重複再做一次。

仰臥伸展全身

重複全身伸展，吸氣，手臂揮過頭，雙掌相對。然後呼氣，手臂放下，回到身體兩側。

伸腿

彎曲左膝，左腳放在地板上，右腳伸直，提起，右腳跟朝著天花板，自然呼吸，彎曲腳踝，將腳趾對著天花板，然後旋轉腳踝，先向一個方向，再向另一方向，慢慢將右腿放到地板上，重複全身伸展姿勢，然後在另一側重複伸腿，彎曲右腿，提起左腿，再一次重複伸展全身。

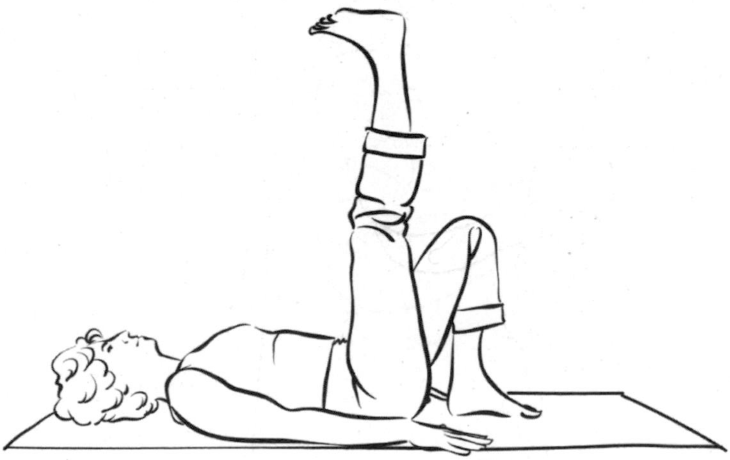

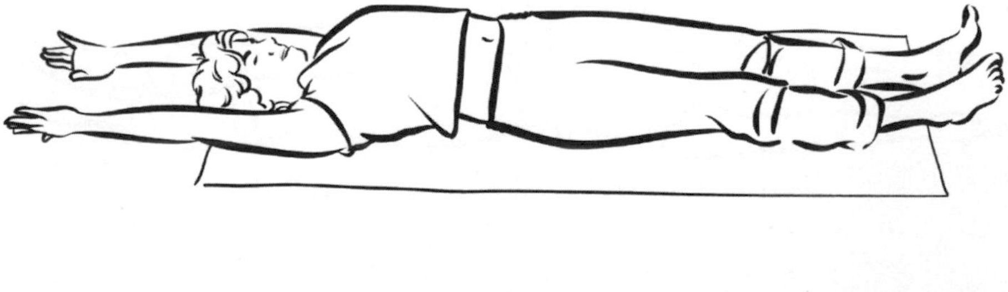

單膝觸胸

左腿伸直，呼氣，彎曲右膝，靠近胸部，雙手抱住膝蓋下方，將大腿緊靠胸部，可以將頭放在地板上，或將下巴縮進胸部，自然呼吸，對任何身體覺受、念頭或情緒的湧動都保持正念……全心臨在，右腳慢慢放回地板上，兩腿伸直，換邊重複再做一次，右腳伸直，將左膝靠近胸前，然後再一次重複伸展全身。

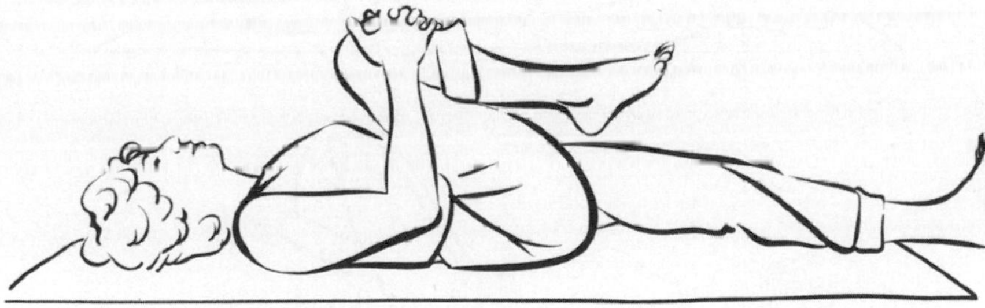

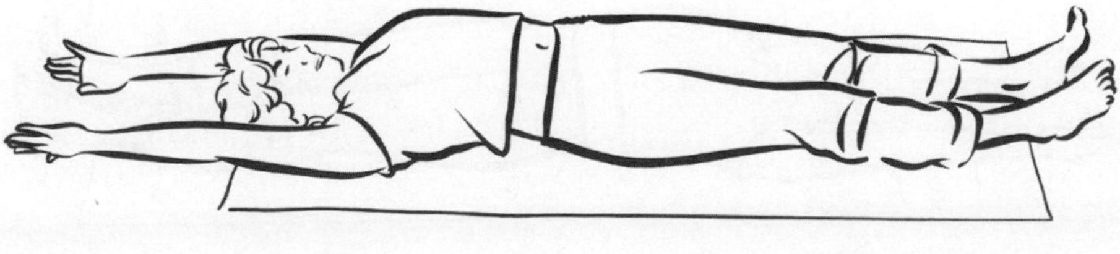

搖擺並傾斜骨盆

彎曲雙膝，直直提起，腳放在地板上。吸氣，並輕輕壓下尾椎，讓下背微拱，感覺下背和地板之間有一個空隙。呼氣，慢慢壓低下背，與地齊平，每一次呼吸都這樣來回搖動並拱起身體，對一切身體覺受、念頭或情緒的湧動都保持正念……全心臨在，再一次重複伸展全身。

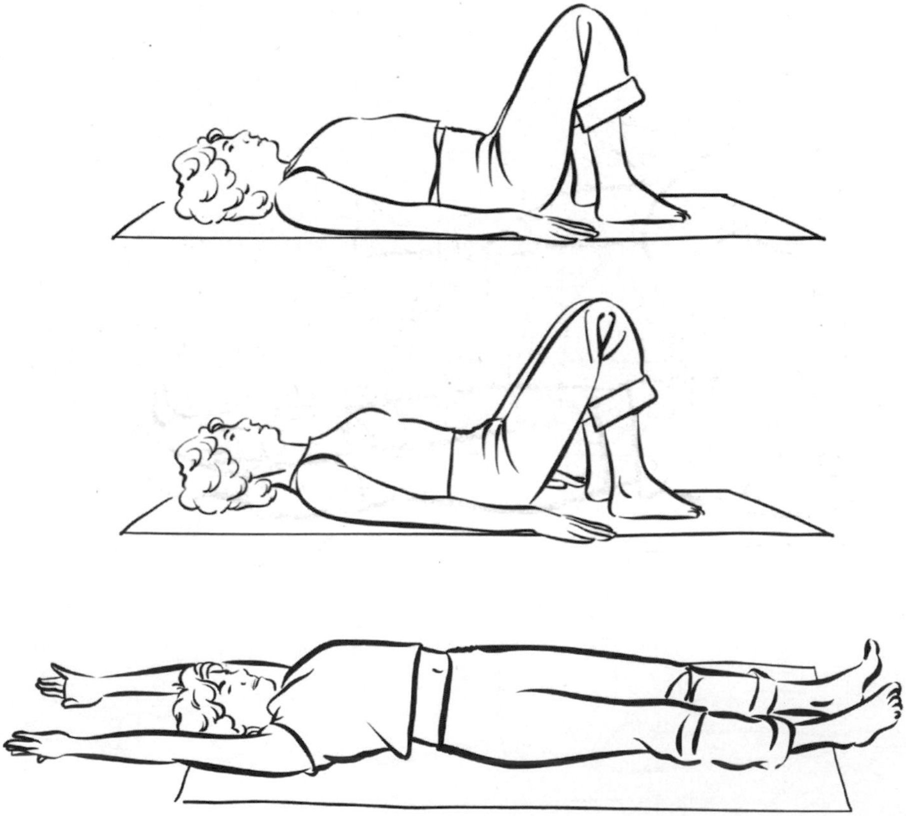

橋式

彎曲雙膝，直直提起，腳放在地板上，手臂放在身體兩側，蜷起脊椎，離開地板，首先提起臀部，再提下背，然後提上背離開地板，兩手在身體下面握起，向雙腳的方向伸展，自然呼吸。呼氣，手臂回到原來的位置，慢慢把背放到地板上，一節脊骨一節脊骨放下，就像一粒一粒地放下一串珍珠。對一切身體覺受、念頭或情緒的湧動都保持正念……全心臨在。

伸臂橋式

重複橋式，吸氣時，蜷起脊椎，離開地板，將手臂沿著地板揮過頭。呼氣時，背放到地板上，手臂放下，回到身體兩側，重複五次。

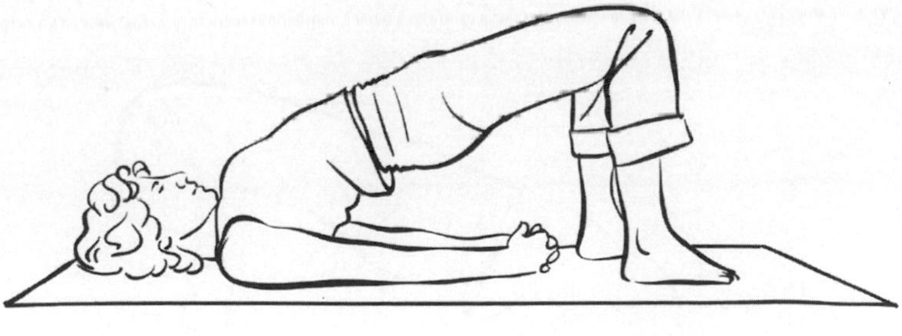

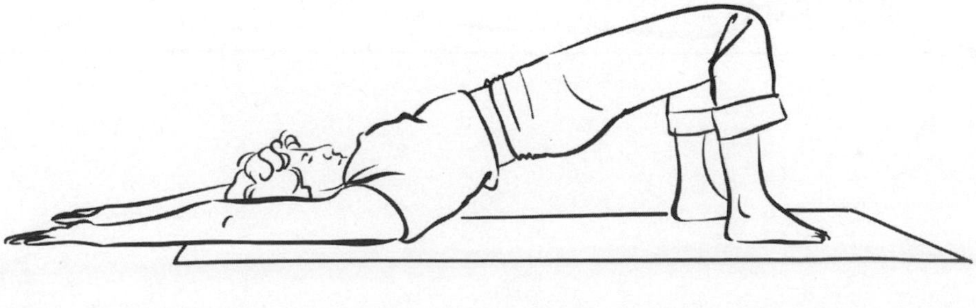

橋式

重複基本橋式，吸氣，蜷起脊椎，離開地板，兩手在身體下面握起，向腳的方向伸展。然後呼氣，手臂回到原來的位置，背部放回地板，一節一節脊骨一節脊骨放下。

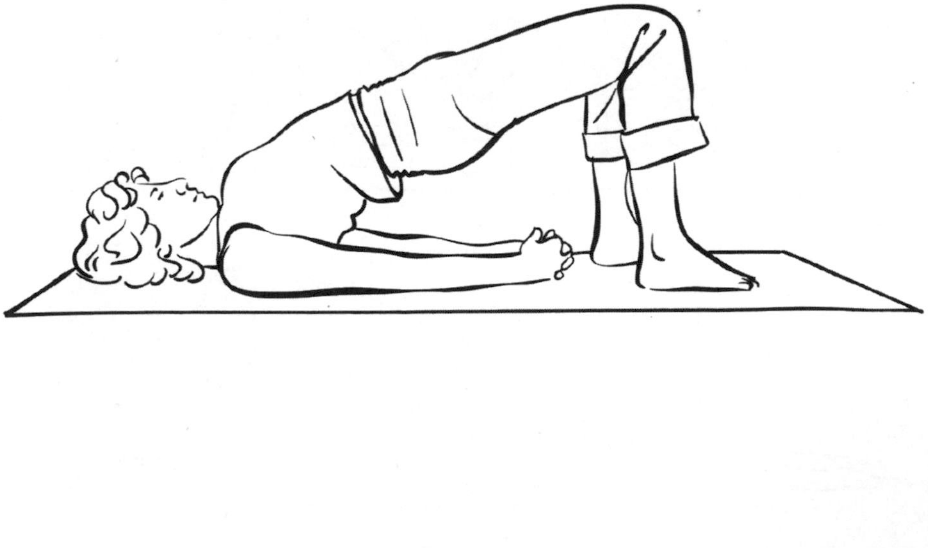

前後搖動

提膝靠近胸部，雙手抱住膝蓋下方，然後輕輕搖動，這是一個美麗的姿勢，來回搖動，一吸一呼，搖動幾次之後，大腿緊靠身軀，雙腳伸向天花板，雙腳稍稍分開，大腿向下降，放在兩邊的肋骨上，輕輕抱住雙腿，自然呼吸，再一次搖動，然後回到第一個姿勢，再一次抱住膝蓋下方，來回搖動。

側伸腿

翻身到右側，雙腳伸直，一隻腿疊在另一隻腿上。頭枕在右手臂上，左手放在地板上，正在肋骨前面。自然呼吸，吸氣，慢慢舉起左腳，然後呼氣，慢慢放下左腳，對任何身體覺受、念頭，或情緒的湧動都保持正念……全心臨在。重複幾次，然後翻身仰臥，雙膝貼近胸部，手抱住膝蓋下方，抱腿，再次徐徐前後搖動，吸氣，呼氣，然後換邊重複再做一次。

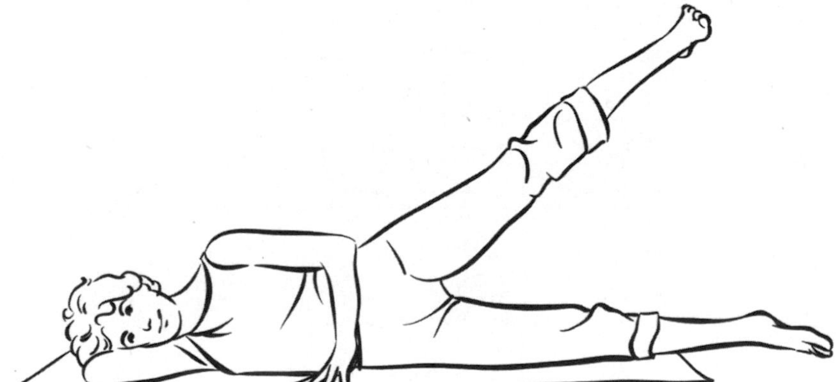

趴身伸腿

翻身，肚皮貼地，手放在身體兩側，雙手握拳，放在恥骨上來支持身體。然後舉起雙腿，離地約六英寸，吸氣並且呼氣，然後放鬆，輕輕放下雙腿回到地板上，手放在地板上，在肩膀兩側，下手臂靠在地板上。

變化響尾蛇式

呼氣，舉起上身，以下手臂來支持上半身的重量，腰和腿靠在地板上，這是一個變化的響尾蛇式，吸氣並且呼氣，然後放鬆，徐徐將上身放回地板上，手和手臂仍然維持原來的姿勢。

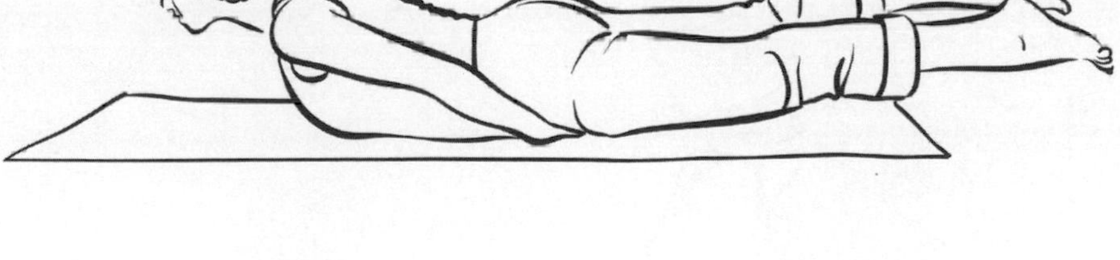

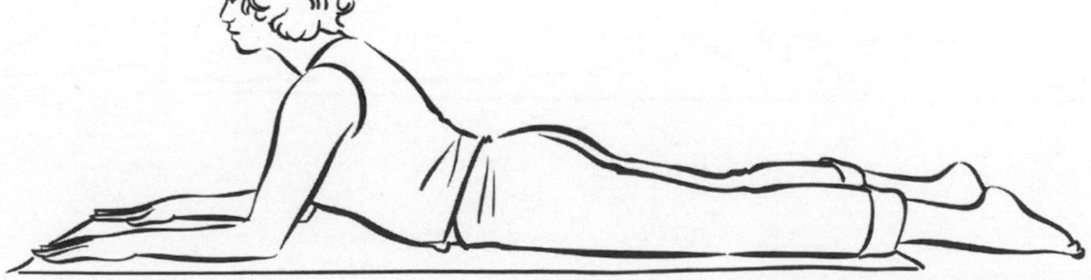

完全響尾蛇式

重複響尾蛇變化式，呼氣，舉起上身，但這一次盡量舉起，用雙手支撐，腰和腿仍貼著地板，這是完全響尾蛇式。吸氣並且呼氣，對任何身體覺受、念頭或情緒的湧動都保持正念……全心臨在。吸氣，上半身慢慢放回地板上。

牛式和貓式

用雙手和雙膝支撐起身體，手臂伸直，雙手正在雙肩下方。吸氣，肚皮朝地板放鬆，抬起頭，這是牛式，呼氣，背拱起，蜷起尾椎，朝向地板，如嘶叫的貓（不消說，這是貓式）。重複幾次，吸氣做牛式，呼氣做貓式。

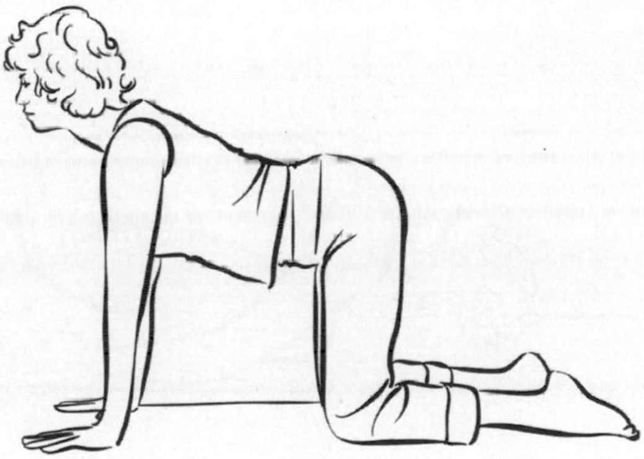

兒童式

把身軀放到地板上，臀部放在雙腳上，頭放在地板上或雙手上，你可以將手臂放在地板上向前伸展，或者放在身體兩側的地板上，自然呼吸。

鳥犬式

再回到用雙手和雙膝支撐身體，手臂伸直，在肩膀之下，伸出左腳，與臀部同高，同時伸出右臂，向前方伸展出去，至肩膀的高度。自然呼吸，對一切身體覺受、念頭或情緒的湧動都保持正念……全心臨在。然後回到自然的雙手雙腳著地的姿勢，然後換邊重複再做一次，伸出右腿和左臂。

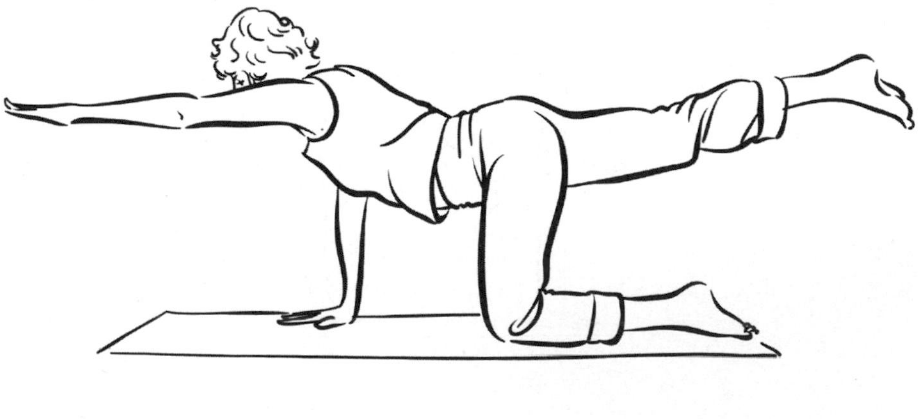

仰臥伸展全身

仰臥，將手臂放在身體兩側，手掌朝上，自然呼吸幾次，吸氣，將手臂沿著地板向上揮，然後伸展，雙掌相對，呼氣，再將手臂向下回到身側。

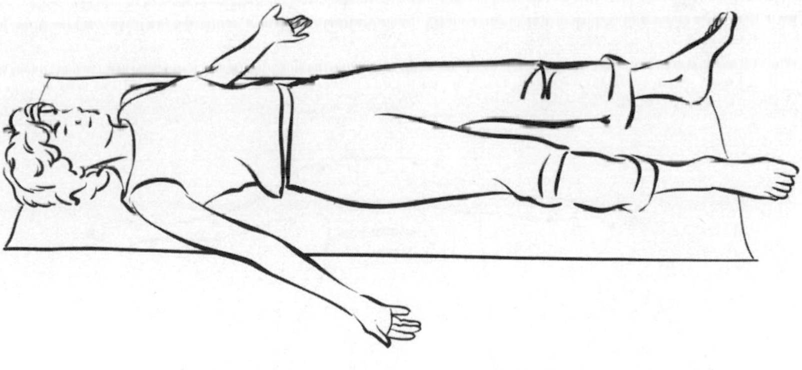

開放式

再一次重複伸展全身，吸氣時，將手臂向上揮過頭，呼氣時，手臂放下，停在肩膀的高度，輕輕放鬆並且張開。花些時間去感覺張開的手臂和腋下，動一動手指，也張開。自然呼吸，張開眼睛、嘴巴、鼻孔，去感覺它們的開口。覺知耳朵，讓耳朵對聲音也開放，輕輕放鬆雙腿，張開，甚至感覺到腳趾頭之間也張開了，深入感受這開放的姿勢，甚至延伸到皮膚上成千上萬的毛孔，知道它們也全都張開了。這對一切可能性打開心門，是勇敢的姿勢。

安住於此，觀照一下自己的生命，你過著你想過的生活嗎？你能夠深入感受什麼使你關上大門，不能全然地生活？你能夠打開心門，跟隨你的心和生命的夢想嗎？吸氣並呼氣，在開放式中安住，並對它大大打開心門，對一切身體覺受、念頭或情緒的湧動都保持正念……全心臨在。

睡屍式

現在，將手臂放在身體兩側或將手放在胸前——怎樣舒適就怎樣做。閉起眼睛，自然呼吸，這最後的姿勢是睡屍式，一種深度放鬆的姿勢。做瑜伽要動，也要停和靜，這是吸收消化並整合正念瑜伽練習的時刻。一如陽光對植物的生長很重要，夜晚的黑暗也一樣重要，蟄伏和生長攜手共創平衡，動和靜也是如此，吸氣並呼氣，願我們都能解脫、平靜，在宇宙的恩典中安住，願一切眾生安全、安寧。

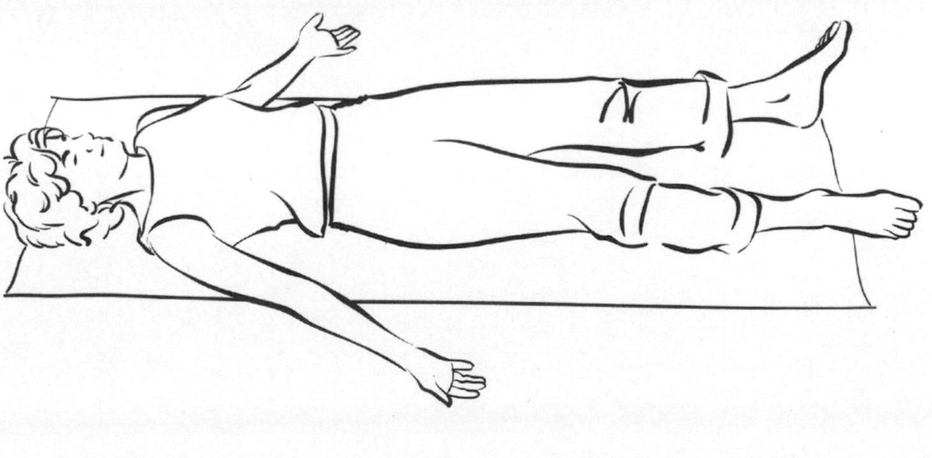

正念臥式瑜伽筆記

第一次練習時，花些時間寫下感受，你注意到心理上、情緒上和身體上發生了什麼現象嗎？

慣性模式

練習坐禪時，你不僅更清楚身體覺受和其他的感官刺激，也更清楚念頭和情緒，這是練習正念最重要的理由：你會學到引擎蓋下面藏著什麼在驅動你的行為，在觀察對身心健康以及人際關係品質不利的生活模式的時候，尤為有益。

人類是習慣的動物，這不見得是壞事，習慣有助我們順暢有效地做好日常工作，而不必思前想後，但日復一日重複，我們便進入自動操作模式，這當然有欠生產力，尤其是有壓力和焦慮的時候。你若是以自動模式來運作，就不會看到——更不用說去選擇——對壓力和焦慮的反應，結果你可能根據過去的因緣條件做出衝動的慣性反應，也不會知道在刺激和回應之間有一個空間，在其中，你可以選擇做出不同的回應。一旦慣性模式固定盤據下來，就好像火車軌道，難以離開這條路線，正念可提供一個出路，幫助你更清楚自己做了什麼，更重要的是，**為什麼**這樣做。若你培養出初心——看事情總能像第一次看到——你就會知道有更多的可能性等著你。

有一個例子可以說明我們多容易墮入行為的慣性模式。有一位老先生多年為風溼關節炎所苦，結果走路一拐一拐的，老先生決定做換膝關節的手術，術後恢復得很慢，其實他已經可以走得更好了，但他還繼續一拐一拐地走，因為他已拐成習慣了。過了許久，物理治療師終於幫助他恢復了正常的行走。物理治療期間快結束時，有一天，治療在中午以前結束，老先生離開了幾分鐘之後，物理治療師也外出吃中飯，在街道上，他注意到老先生和另外一個人一道走路，又開始拐了，他一頭霧水，就走過去問老先生到底怎麼回事，老先生回答：「我只是和表弟像從前一樣一起走嘛！」

很悲哀，我們常常因為不正確的假設和慣性行為而自我設限。如果沒有正念，我們會像牛隻被關在周圍通電鐵絲網的柵欄中。起先，牛隻撞到鐵絲網而遭受電擊，很快牠就學到不要去碰電網，到了那個時候，你大可關掉電源，牛也不會再去碰到鐵絲網了。自由離得這麼近，因為牠們可以輕易推倒鐵絲網逃走，但牛隻竟被自己的心限制住了。這聽起來是不是很熟悉？

這就是慣性模式和害怕改變的本質，說來悲哀，許多失調的人際關係仍持續著，就因為「對未知的恐懼」比起「維持已習慣卻有問題的人際關係所帶來的困難或心痛」來得更大。我們往往寧可苦於我們所知的，卻不想面對未知。我們應挑戰自己的是：擴大認知和範圍，對觸發我們反應的事物保持好奇。

韌性和壓力

為什麼有些人視逆境為挑戰，給它灌輸意義，有些人卻帶著戰慄和恐懼的眼光來看逆境？關鍵點就是韌性，韌性有助人們以不同的角度看待事情，更技巧地回應。

幾十年以前，研究學者和心理學家蘇珊・柯巴薩（Suzanne Kobasa）發現耐得住壓力的人有較高的控制能力、面對挑戰也有較強的決心和意願（Kabat-Zinn 1990）。在此，「控制」是指相信自己能夠改變壓力和焦慮，「決心」是指你願意盡其所能並忍受困難，視逆境為「挑戰」是指你歡迎任何困難情況，視為學習和成長的契機。同樣的，以色列醫療社會學家艾倫・安東諾夫斯基（Aaron Antonovsky）研究經歷過絕大壓力而存活下來的人，發現他們天生具有對世界和自己的內部一致性（coherence）（Kabat-Zinn 1990），這種內部一致性是認為：困難可以理解、可以處理，也提供寶貴的教訓。

我的朋友法蘭克是個很具體的例子。他小時候得了小兒痲痺症，幾年都穿著鐵肺，這場病使他四肢幾乎完全癱瘓，能動的只剩右腿，他要活出完整的生命，絕不退縮。他學會開一種特別改裝只用右腿的廂旅車，受了大學教育，主修電腦科學，工作是用口銜棒來打鍵盤。他天天都是挑戰，他無法解開拉鍊、無法自行吃飯、無法自行穿衣，甚至無法抓個癢，每晚睡覺都要裝上呼吸器幫助呼吸，他自謂，照顧自己像照顧嬰兒，但他對生命的態度還是正面無比，人家問他怎能如此堅韌，他說：「我早就決定，不值得花時間去憂慮——一點也沒用！我決定去看好的那一面。」

法蘭克就是柯巴薩博士和安東諾夫斯基博士所謂的耐得住壓力，他有很深的內部一致性，不受他所面對的巨大挑戰和困難的限制，法蘭克對我們是啟發，告訴我們最大的逆境都可視為有待克服的挑戰。走入未知固然嚇人，但誰知道你會發現什麼，你所學習到的又會有什麼好處和成長？如果在生命中退縮，你可能會錯失許多許多。

要用正念修行來覺知無益於身心健康的老舊模式。你漸能以初心看待事情時，就會對嶄新的可能性打開心門，發現通向更廣大解脫的道路。波夏・尼爾森（Portia Nelson）有一首很美的小詩〈自傳五短章〉（Autobiography in Five Short Chapters），描述我們經常陷入的情況，並指出一條深度覺知和解脫之道。

第一章

我走在街上

人行道上有個大坑

我一腳踩空，掉了進去

我弄糊塗了……覺得真無助

不是我的錯啊……
大費周章才爬出來

第二章

我走在街上
人行道上有個大坑
我假裝沒瞧見
又一腳踩空，掉了進去
我簡直不敢相信我又舊戲重演了
不是我的錯啊……
還是費了好些周章才爬出來

第三章

我走在街上
人行道上有個大坑
我看到坑在那兒
又一腳踩空，掉了進去……這是慣性，但
我是睜大眼睛的
我知道我在哪兒

是我的錯
我立刻爬了出來

第四章
我走在同樣的街上
人行道上有個大坑
我繞道而行

第五章
這回我換另一條街走了。

——波夏・尼爾森〈自傳五短章〉（1994, 2-3）

探索▼了解自己的慣性模式

花些時間觀照一下自己可能從焦慮而來的慣性模式，例如你是否因為焦慮而說了不該說的話？你在焦慮時會特地去吃或不吃東西嗎？你會一再重複某一特定的行動或其他模式，以便暫時緩解太入迷的念頭和跑馬似的心嗎？花些時間來探索你能想到的慣性模式，如果一無所知，不妨想想與人、食物和工作有關的。

根據你針對以上問題所寫下的的回答，你有任何特定的慣性行為，會增加你的壓力和焦慮嗎？例如睡得太遲，得不到足夠睡眠，為省時省錢而吃太多不健康的速食，外食太頻繁，花錢如流水，或在工作上花太多時間，賠掉身心健康。花些時間寫下加重生命中壓力、焦慮和其他困難的慣性行為。

我們大部分人都是習慣的動物，有些習慣很有用，如固定運動或吃得健康，有些則對我們不利，如工作過度或睡眠不足，我們大多數人兩者都有——有的有益健康，有的則降低健康和生命品質。只要對自己的行事抱持正念，你會更清楚自己的慣性模式，以便改進。

繼續練習以前，花些時間連繫上呼吸，並正念思惟你剛剛寫下的，慈悲地如實知悉、確認並整合你在探索中所學到的。

非正式練習▼正念慣性

你已練習觀照並寫下自己的一些慣性模式，下週將正念慣性做為非正式練習，包括有益健康和無益健康的，留意一旦有了正念會如何。你看到了一旦對慣性有正念或準備著手，回應時會有更多的選擇嗎？

※計畫並檢視你的練習

這就是本章所介紹的正式練習，將本章所述的方法排到下週的行事曆上，至少一週五天，你可以每天換不同的練習方法，或者一天之內混著練習，譬如說先開始做正念臥式瑜伽，然後繼續坐禪。同時在一週之後排出一個時間來檢查你的練習，看看進行得如何。

正式練習

○坐禪

○正念臥式瑜伽

現在你有六個非正式練習，可整合到日常生活中。

非正式練習

- ○正念慣性
- ○覺察身體的疼痛
- ○STOP
- ○將八個正念心態帶入生活
- ○正念與生活打成一片
- ○正念進食

正式練習紀錄

每次正式練習之後，都填寫以下的紀錄。填寫並回顧上週的練習時，想想看這些練習進行得如何，你注意到哪一模式對你最奏效嗎？你如何保持練習不輟？

日期和正式練習	時間	練習當中生起的念頭、感覺和身體覺受，以及你後來感覺如何

非正式練習的觀照

每天應觀照至少一件非正式練習，你可以利用觀照所得，使日常的非正式練習更加深入。

練習	是什麼情況？	之前你注意到什麼？	之後你注意到什麼？	你學到什麼？

第七章

處理焦慮和壓力的禪修

你一路這麼練習下來，已學到多種壓力反應、這些反應如何對健康產生不良影響、正念又如何從中協助。你也已探索了自身的壓力來源、這些壓力來源如何影響生活、又如何加劇壓力或焦慮的慣性模式。希望這些資訊和探索能鼓勵你排出時間練習目前已經學到的一切──包括可融入日常生活的非正式練習，以及我們一路引導的正式練習，如正念檢查、正念呼吸、身體掃描和正念坐禪。現在你要將所有資訊、探索和練習，整合入特別為處理焦慮和壓力而設計的禪修。這項練習將正念呼吸、身體掃描和正念念頭融入一個新的練習：正念自我探詢。雖然本書中所有的探索和練習都有助於培養正念、應付壓力，但現在加入正念自我探詢，練習將更奏效，因為你會專注於生活和壓力最密切相關的議題和情況。

正念自我探詢

正念自我探詢是對於心和生命本質的探索。本書的探詢，是推究引起壓力和焦慮的身體覺受、情緒和念頭。日常生活中，你忙這忙那，幾乎沒有時間反觀自照，但這個探索非常值得，因為恐懼往往藏在覺知的表層之下。

只要練習正念自我探詢，你就在仁慈地覺知並如實知悉身心上壓力和焦慮的感受，只是順其自然，也就是跟那些感受同在，卻不去分析、壓抑或鼓勵。雖然這樣做看起來很可怕，但若能感受並如實知悉憂心、惱怒、痛苦的回憶和其他令人困擾的念頭和情緒，便往往有助於它的消散。只要與當下的一切現象攜手同行，不提起精神與之格鬥或掉頭而去，你就有機會看出擔憂的原因，你一旦明白憂慮之下所潛藏的原因，自然會產生解脫和空闊之感。基本上，這是一個學習過程，要信任那種不自在的感覺，並與之同在，不要逃開或加以分析，你便會產生巨大的轉變，時間和你的感受自然會告訴你每一件你必須知道的事——有些是為了一己的身心健康而必須知道的事。

非正式練習 RAIN

在本章稍後，我們會引導你做壓力和憂慮的自我探詢禪修，你可以用縮寫字RAIN來做正念自我探詢的非正式練習。

R（rlcognize）—知道有強烈的情緒出現
A（allow）—允許並如實知悉自己的強烈情緒
I（inrestigate）—探究身體、情緒和念頭
N（non-identity）—不認同強烈情緒等於我

正視情緒

去正視令人困擾的情緒會感覺有點陌生，因為我們的文化常常強調壓抑、否認或除去痛苦。現在就是如實知悉我們這個部分，不逃避、不忽視的時機了！如果你學著視這些挑

戰為必經的儀式，而不是逃避，就有學習和成長的機會，甚至可以改善引起苦惱的情況。

你奇不奇怪為什麼我們說的「人壽保險」，其實是死亡保險？為什麼我們說的「健康保險」，其實是疾病保險？這些問題聽起來有點傻兮兮的，卻提醒我們，媒體和文化如何全面性地轉移議題焦點。種種資訊包圍著我們，告訴我們應該保持年輕，身材很棒，生病、悲傷或害怕時就去求助於醫藥，雖然求助醫藥有時對身心健康不可或缺，但在處理壓力、痛苦，甚至疾病時，還是應培養出內心的韌性。

正視令人困擾的情緒，並面對壓力、焦慮或痛苦，不是一條容易的道路，還可能看起來很不安全，又要克服不情不願的感覺，但除此之外，我們還有什麼可做？有一句老話說：「逃得了一時，躲不過一世。」你很可能會發現，你愈不處理疼痛，就愈痛，最後痛到你再也扛不下去。卡夫卡（Franz Kafka）的格言集裡這樣說：「你可以從世間的痛苦中退縮回來，你大可如此，因為這是天性，但這種退縮也許是你原可避免的痛苦。」（1946, 158）

RAIN是一項具有洞察力的正念自我探詢練習，可以帶入日常生活，找出觸發強烈情緒反應的引信，下週整週，去辨識強烈情緒並全心臨在，探究你在身體上、心理上和情緒上的感受，看它們會如何發展，最後一個字母N代表不認同，很有用，因為可減少內心編造的故事情節，知道強烈情緒不過是穿越而過的心行，而非你這個人，正如看電影，你輕鬆坐著，看著演員演戲，只要視故事情節是無常的，而且不認同它，自己原抓得牢牢的心靈陷阱就鬆脫了，反而創造出一個空間，讓你跟事物原原本本的面目同在，更能了解什麼在驅動、奠基、增強恐懼、憤怒和悲傷，你便可以用不同的眼光看待事物，選擇如何回應，而不會一味受控於故事情節。

鮑伯的故事：一場親身的探詢

多年前，我在辦公室打電話，和一位醫院的行政人員商談正念減壓課程，我覺得她抓不到我其中的一個重點，而且並不怎麼支持這個課程。談話一面繼續，我一面覺得心煩意亂，差點要對她開火了。還好我看了一下鐘，想到我跟人有約，必須結束這通電話。約會結束之後，我還在生氣剛才的電話，於是我就覺知呼吸，但我的心一下就跑回剛才的電話，深陷在故事情節中，我開始七竅生煙，想：「等我這節禪修結束之後，非再打電話給她，讓她嘗嘗我的厲害不可！」一知道自己散亂了，我馬上如實知悉：「噢，心散亂了。」但我還沒來得及回神，一下子又跑回去，生著氣想我要怎樣報復。最後，我知道自己非常非常生氣，氣到早超過了那通電話了，我必須深入探索。

我開始對這憤怒做正念自我探詢，我僅只是辨識出並如實知悉自己真的非常生氣，我努力深入感受憤怒，卻不必去理出頭緒，這很難而且很不舒服，我不只一次又回到自己的情緒反應。終於，我感到有另一種情緒生起：悲哀，我同樣地深入感受這種悲哀——巨大的悲哀，不久，悲哀打開了一道記憶，以前也有醫院行政人員不了解我多想告訴他們正念的好處，沒有人懂，我與這種沒人懂的感覺同在，開始有更多東西揭露出來，我繼續深入感受這個痛苦，慢慢地有一種深刻的洞察力生起，我認出一個老舊而熟悉的感覺：別人連一眼都不看我、不理解我、不接受我。當我辨識出這種感覺，我意識到我多希望得到別人的贊同和確認，知道這事十分痛苦，但也感到十分解脫，我終於了解這通電話引發出了什麼，我知道自己不需要與醫院行政人員持續或升高「衝突」。而當我回想那通電話，我發現她其實是很支持我們的，但是我的成見和慣性模式擋著我，而沒法看清楚這一點。

尋心

在正念自我探詢中，你學到如實知悉並探究你一向想多知道些的感受，雖然難度很高，但正視恐懼和其他令人困擾的感受，會揭開密藏的珠寶。如實知悉並探究自身的恐懼，會開啟一道大門，進入更深的理解，於是慈悲和寧靜。珍妮佛・潘恩・威爾伍德（Jennifer Paine Welwood）在〈無可限量〉（Unconditional）一詩中意味深長地描述這個旅程以及我們深度轉化的潛力。

願意去體驗孤獨，
我才發現到處都是連結；
面向恐懼，
我才遇見內心的戰士；
對失落打開心門，
我才得到宇宙的擁抱；

不再抗拒空虛，
我才發現無限的充實。
每一個我所逃避的因緣都追趕我，
每一個我所歡迎的因緣都轉化我，
因緣本身也轉化成
光耀珠寶般的本質。
我禮敬達到這樣境地的人，
創造出這偉大遊戲的人；
玩這遊戲是最純粹的喜悅——
尊敬它的形式，是真正的至誠。

——珍妮佛・潘恩・威爾伍德在〈無可限量〉（1998, 21）

正式練習▼處理壓力和憂慮的正念自我探詢

你可躺著或坐著來正念自我探詢，但如果你躺下來會睡著，那就採取更直立的姿勢，聆聽練習導引光碟第十六段或閱讀以下的禪修指導時，務必全神貫注於這項練習。每唸完一段，暫停一下，充分吸收三十分鐘的練習。

一開始先恭喜自己能夠排定珍貴的時間來禪修，願你知道這是愛的行動。

停下一切作為，全心臨在當下，知道身、心、內在的一切——也許是這一天下來諸多事件的感受或念頭，或者近來徘徊心頭的感受或念頭。

只要給內心的一切現象留一席之地並如實知悉，順其自然，不加分析或評斷。

逐漸將注意焦點移至呼吸，正常而自然地呼吸，吸氣時，知道吸氣，呼氣時，知道呼氣。

只是知道呼吸，將覺知集中於腹部，感覺腹部吸氣時脹大，呼氣時縮小。

一吸接著一呼地活出生命，吸氣，呼氣，觀察每一呼吸生起滅去，只是呼吸。

現在，輕輕地將覺知從呼吸抽回來，進入身體覺受的世界。

一個部位接著一個部位地掃描身體。掃描身體時，感覺並如實知悉一切身體覺受。起先，最好只是深入感覺身體覺受，因為很容易陷入念頭中，只要每一剎那都乘著覺受的浪頭，你也會覺察到念頭和情緒，但只是觀察，不加分析和批判，而且不要陷於其中。

現在輕輕地將覺知從身體掃描抽回來，切換到正念探詢，探究覺知表面之下的情緒、念頭和身體覺受，也許正驅動著焦慮和恐懼。

徐徐將專注導向恐懼、焦慮和其他令人困擾的情緒，深入感覺情緒，如實知悉身心的狀態。

若要開始這項探險，你要先檢查自己，決定你是否感覺安全，如果你感覺不安全，也許就等到下次找機會再說，此刻就只是與呼吸同在。現在花些時間來檢查，如果你不想繼續以下的探詢，就聽從自己的心，也許是你那智慧而慈悲的心在說話，知道你總可以另找機會繼續探詢。如果你不想繼續下去，現在就只做呼吸的禪修。

如果你感覺安全，深入覺知身心，並讓自己去深入感覺並如實知悉一切身體覺受、情緒或念頭，順其自然，不加分析或去理出頭緒。

你會發現在這些感覺當中，有過多的念頭、情緒或回憶，引起恐懼、焦慮或其他令人困擾的情緒，當你如實知悉以前未曾知悉的，洞察力和理解的大門就打開了，你正視情緒，情緒會讓你看到你到底在操心、生氣、悲傷或困惑什麼。

你會學到，抗拒情緒、不如實知悉的情緒，往往引起更多恐懼，學著與它們同行，不要與它們格鬥，就可以減低它們的力量。

只要與身心上的一切感覺同行，給它們一席之地，並如實知悉，讓情緒、念頭和身體覺受的浪頭流向它們需要去的地方。

由於如實知悉恐懼和其他令人困擾的情緒，你便開啟了大門，邁入更深刻的理解、慈悲和寧靜。

現在輕輕地將專注從正念探詢抽回來，切換到心，切換到念頭和情緒。觀察心，但不要憎惡或耽溺，只要如實知悉剎那剎那、許許多多不同的心行，就好像躺在田野裡，注視著飄過的雲朵，以同樣方式注視心。

你會察覺到心也有自己的心，它會分析，闡明、計畫、記憶，它會製造大禍臨頭感、比較、對比，它會夢想、責怪、感覺悲哀、憤怒、害怕，它會幻想、喜歡、不喜歡某事，心非常忙碌地想東想西，念頭生起、形成、消失。去感受它們如何出現並消失，留意它們只是念頭。

把自己想成一個氣象學家，只要觀察內在氣候模式，卻不加批判，只是和事物原原本本的面目同在，念頭和情緒生起，念頭和情緒滅去，感受它們出現並消失，只是念頭，只是情緒。

當你學到運用更廣大的平等心和平衡，給內心生起的一切現象一個空間，你就跟這個流動一致了，你不會格鬥或抗拒，反而會了解並深知一切現象都在變化。

即使你感受到焦慮、痛苦、悲傷、憤怒或困惑的風暴，而且尤其在這些時刻，你會知道只要給這些感受一些空間，它們就會慢慢消失。

現在，從觀察心行抽回來，回到呼吸，一呼一吸時感覺整個身體，感受整個身體在吸氣時脹大，呼氣時縮小，感覺身體是單一而完整的有機體，相互連結而且完整。

願你再一次恭喜自己禪修，並且知道這對你的身心健康都有幫助，願你知道這是愛的行動。願一切眾生安詳自在。

壓力和焦慮正念自我探詢筆記

第一次練習之後，花些時間寫下心理上、情緒上和生理上所發生的一切現象。

正式練習

正念立式瑜伽

在此提醒一下，正念瑜伽指練習瑜伽時，覺知呼吸、動作、姿勢、念頭、情緒。你需要穿舒適的衣服，才不會妨礙動作，也需要足夠空間。我們建議你用瑜伽墊，開始以前，你可以看一看以下的系列插圖，熟悉一下練習中的姿勢，為易於練習，可聆聽練習導引光碟，其中包括三種版本的正念立式瑜伽：十五分鐘第（十七段）、三十分鐘（第十八段），以及四十五分鐘（第十九段）。請由第十二段開始，重新溫習一下正念瑜伽基礎，要不然，你也可以閱讀以下姿勢描述，然後根據文字來練習。如果你沒有固定運動，或身體不太柔軟，最好先從十五分鐘的版本開始練習，一路練習上去。在這方面，務必聽從身體的智慧，無論如何，請複習前一章正念臥式瑜伽練習需要注意的部分，你就會為了自己的身體而用智慧和慈悲來練習。

山式

站直，雙手放身體兩側，雙掌微張，勿前傾或後傾，頭置於兩肩中央，身體重量平均分布在雙腿，對齊膝蓋、臀部、肩膀，成一直線，自然呼吸。

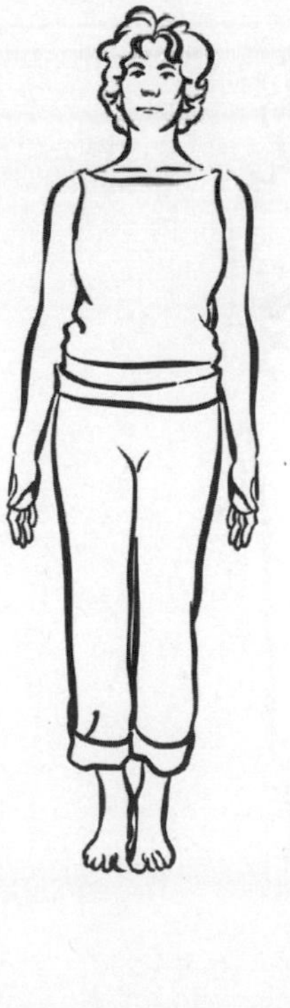

立式伸展全身

吸氣，在身體兩側提起雙臂，上舉過頭，雙掌相對，向前凝視，伸展雙手和軀幹向上朝天，呼氣，徐徐將雙臂放回身體兩側，充滿覺知。吸氣並呼氣，然後重複兩次。

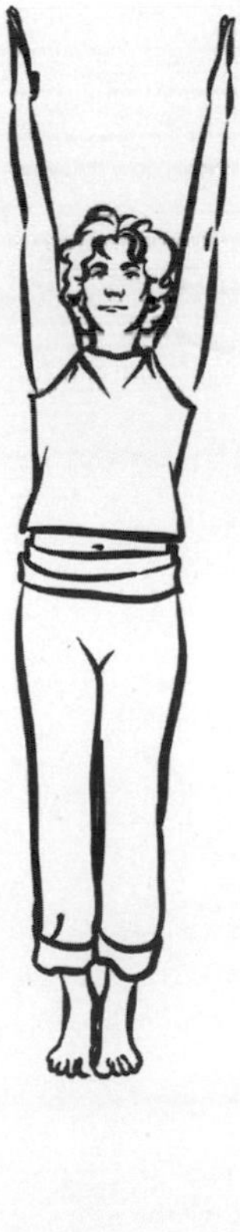

水平式伸展手臂

吸氣，上舉雙臂到肩膀高度，向兩側伸展，手掌朝上。此外，也可以手掌向下，彎曲手腕，豎直手掌，直伸向外，背朝自己的方向。呼氣，徐徐放下雙臂，回到身體兩側，充滿覺知。吸氣並呼氣，然後重複兩次。

伸展單臂

自然呼吸，右臂上舉過頭，伸向天空，同時踮起左腳跟，左腳趾觸地，徐徐放鬆，回到山式，然後換邊重複再做一次。

側彎伸展

吸氣，雙臂上舉過頭。大拇指鎖在一起，並且呼氣。吸氣，站高而且向上伸展，然後呼氣，並保持軀幹朝向前方，向右側彎曲，吸氣並且呼氣，對一切身體覺受、念頭或情緒的湧動都保持正念……全心臨在。回到直立的姿勢，雙臂伸展朝天，然後呼氣並徐徐放下雙臂，回到身體兩側。換邊重複再做一次。

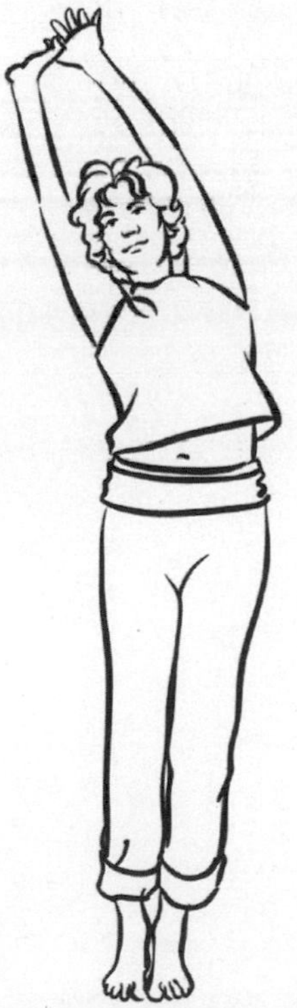

轉動肩部

以山式站立，肩膀上提再放下，充滿覺知，肩部向前轉動，再向後轉動，然後回到原來的姿勢。

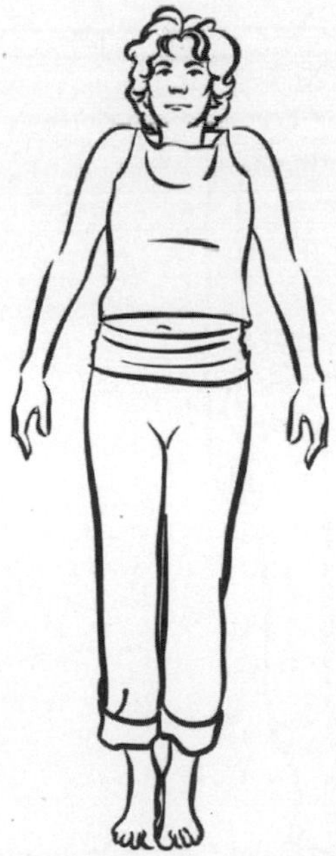

伸展頸部

右耳徐徐靠向右肩，但不要提起肩膀。自然呼吸。換邊重複再做一次。

對角伸展頸部

右耳徐徐靠向右肩，但不要提起肩膀，右臂放在身側，右手掌張開朝內，頭部落下並轉頭去看右手掌，對角伸展頸部。自然呼吸。再回到開始的姿勢。然後換邊重複再做一次。回到山式。

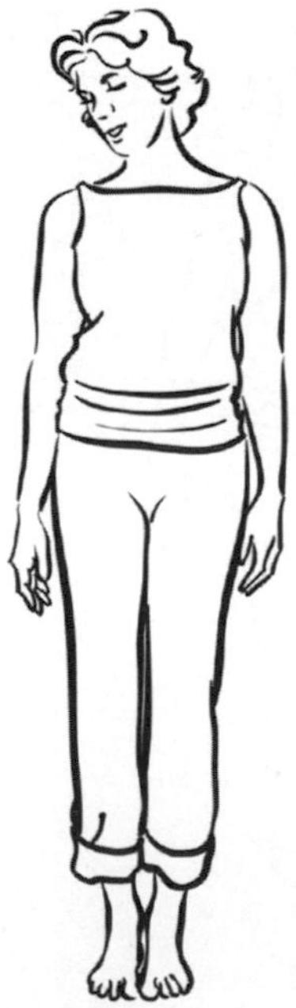

立式伸展全身

重複立式全身伸展。吸氣，在身體兩側舉起雙臂過頭，然後呼氣，徐徐將雙臂放回身體兩側，充滿覺知。吸氣並呼氣，然後重複兩次。

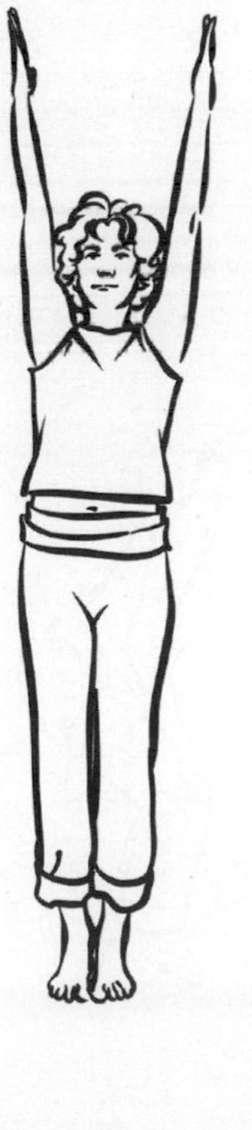

站立扭身之一

手放在臀側上方，吸氣，抬頭挺胸。呼氣，臀部朝前，向右扭轉身軀，從右肩看出去，對一切身體覺受、念頭或情緒的湧動都保持正念……全心臨在。自然呼吸，然後鬆開，回到開始的姿勢，換邊重複再做一次。

站立扭身之二

重複兩側站立扭身，這次連臀部和雙腿也轉過去，只需要雙腳維持穩定，而且朝前。鬆開，回到山式。

中外野守備位置

輕輕彎曲雙膝，稍微前傾，手放在大腿上。自然呼吸。保持雙腿和上身的姿勢，提起雙臂，上舉過頭，和脊椎保持一直線，雙掌相對。自然呼吸。然後回到山式。

前彎

吸氣，提起雙臂，上舉過頭，做全身伸展，然後吸氣，徐徐將雙臂放下，碰到地板。需要吸氣時，就停下來，喘口氣，然後呼氣，繼續伸展，膝蓋可稍彎曲，等盡可能地彎下來了，便自然呼吸，呼吸幾次。吸氣，慢慢的回到開始的姿勢，呼氣時停下來，然後回到山式。重複三次。

立式全身伸展

重複全身伸展，吸氣，提起雙臂，上舉過頭，然後呼氣，徐徐放下雙臂，回到身體兩側，充滿覺知。吸氣並呼氣，然後重複兩次。

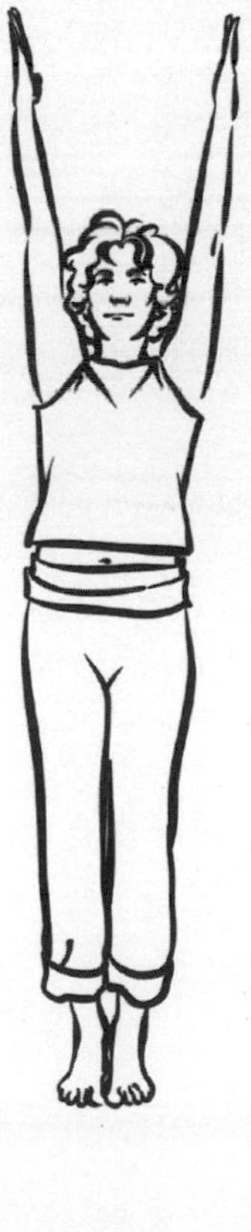

平衡式之一

做這個姿勢時，身體若平衡不佳，不妨先握住一個東西來練。從山式開始，感覺身體重量平均分布在雙腳，膝蓋、臀部和肩部保持一直線。感覺左腳堅實紮根在地裡，彎曲右膝，在身前盡量舉高，同時也注意維持平衡。自然呼吸，對身體覺受、念頭和情緒，都保持正念……全心臨在。放開，並在另一側重複一次。你平衡感更好時，可以把膝蓋舉得更高，將雙臂上舉過頭。

變化三角式

從山式開始，右腳向外側轉過去，右腳跟對齊左腳中央，形成T字形。右腳向身側跨一大步出去，注意維持平衡，身體重量平均分布在兩腳之間。自然呼吸，彎曲右膝和右手肘，向右側彎，右下臂靠在右大腿上。延伸左臂過頭，貼近左耳，自然呼吸。去感受伸出的手臂和直腿成一直線的對稱性，反著做此一動作，回到山式，然後換邊重複再做一次。

完全三角式

重複變化三角式，但這次將你的右腳伸直，提起右臂到身體一側，保持肩膀高度，然後向右側彎，伸出右手向下，輕輕握著右腿、右腳踝或右腳。吸氣並呼氣，然後將左臂延伸，朝向天花板，轉頭，凝視上方。身體應從左腳，沿著身體左側，到左手指尖，形成一條長對角線。自然呼吸，與身體覺受、念頭或情緒的浪頭，保持正念……全心臨在。再倒過來做此一動作，回到山式，然後換邊重複再做一次。

平衡式之二

做這個姿勢時，身體若平衡不佳，不妨先握住一個東西來練。從山式開始，感覺身體重量平均分布在兩腳，膝蓋、臀部和肩部對齊，保持一直線。感覺左腳堅實紮根在地裡，彎曲右膝，在身後儘量舉高右腳，右手抓住右腳踝或褲腳，右腳跟盡量貼近臀部，舉起左臂，朝向天花板，自然呼吸。鬆開，正念呼吸幾次，然後換邊重複再做一次。

戰士式

從山式開始，右腳向外側轉，右腳跟對齊左腳中央，形成T字形。右腳向身側跨一大步出去，注意維持平衡，身體重量平均分布在兩腳之間。自然呼吸。雙臂從身體兩側延伸出去，維持肩膀高度，然後彎曲右膝，與右腳踝成一直線，從右臂方向望出去，保持上身穩定。自然呼吸，然後輕輕鬆開，回到山式。自然呼吸幾次，然後換邊重複再做一次。再回到山式，呼吸幾次。

立式伸展全身

重複一次全身伸展，吸氣，提起雙臂，上舉過頭，然後呼氣，徐徐放下雙臂，回到身體兩側，充滿覺知。吸氣並呼氣，然後重複兩次。

面朝下狗式

彎曲雙膝，手放在地板上，使雙膝位於臀部之下，手位於肩膀之下。吸氣，提起臀部變成一個倒V或倒U形，這個姿勢非常吃重，要溫柔地做，自然呼吸。起先，你也許需要稍微彎曲膝蓋，若要增加你的柔軟度，也可以先將一隻腳後跟放下，再放另外一隻，來伸展雙腿。柔軟性好些之後，盡量將兩隻腳後跟都放在地板上。鬆開，回到山式。

立式全身伸展

重複一次全身伸展，吸氣，提起雙臂，上舉過頭，然後呼氣，徐徐放下手臂，回到身體兩側，充滿覺知。吸氣並呼氣，然後重複兩次。

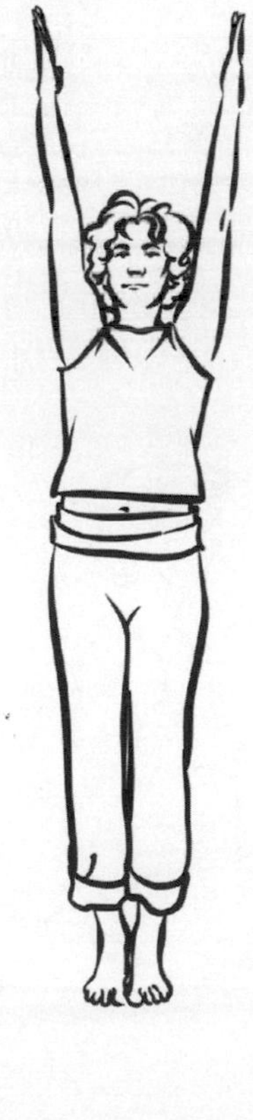

坐式伸展

溫和過渡到坐在地板上，雙腿直著伸向前方，坐直，挺胸，自然呼吸，再輕輕鬆開。

鼠蹊部伸展

從坐姿開始，彎曲雙膝，腳底相對，膝蓋朝兩側，慢慢將雙腳貼近身體，保持平衡，盡可能貼近鼠蹊部，但仍感舒適，或握著雙腳，拉近鼠蹊部，或將雙手放在身後的地板上，將身體推向雙腳。自然呼吸，對一切身體覺受、念頭或情緒的浪頭，保持正念……全心臨在。

前彎

從鼠蹊部伸展的姿勢，鬆開右腳，直直地在地板上伸出去，左腳盡可能貼近鼠蹊部。吸氣，延伸雙臂朝向天花板，雙掌相對。呼氣，向前彎，雙臂向前延伸，握住右腿、右腳踝或右腳，如果扯得有點緊，就對自己溫柔一些。可以彎曲膝蓋，或放一個枕頭在膝蓋下做這個伸展動作。自然呼吸，鬆開，回到直立的坐姿，然後向前伸出左腿，右腳盡可能貼近鼠蹊部，重複前彎，這次握住左腿、左腳踝或左腳，鬆開，回到直立的坐姿，兩腳伸向身前。

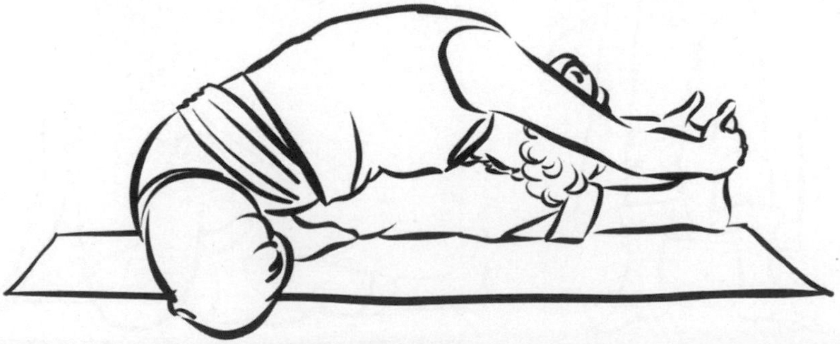

坐姿扭身

左腳放在地板上，彎曲左腿，膝蓋舉直，左腳後跟盡可能貼近身體，但仍感舒適。吸氣，右手肘包圍住左膝，左手放在地板上臀部後方。然後呼氣，轉身向左，自然呼吸，對一切身體覺受、念頭或情緒的浪頭，保持正念……全心臨在。吸氣，並回到開始的姿勢，然後換邊重複再做一次。

睡屍式

現在，將手臂放在身體兩側或將手放在胸前——怎樣舒適就怎樣做。閉起眼睛，自然呼吸，這最後的姿勢是睡屍式，一種深度放鬆的姿勢。做瑜伽要動，也要停和靜，這是吸收消化並整合正念瑜伽練習的時刻。一如陽光對植物的生長很重要，夜晚的黑暗也一樣重要，蟄伏和生長攜手共創平衡，動和靜也是如此，吸氣並呼氣，願我們都能解脫、平靜，在宇宙的恩典中安住，願一切眾生安全、安寧。

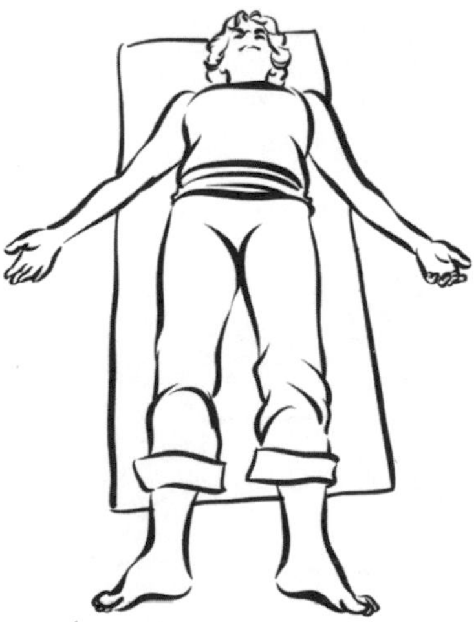

正念立式瑜伽筆記

第一次練習之後，花些時間寫下感受，你注意到心理上、情緒上和身體上發生了什麼現象嗎？

內規和判斷

真難想像我們多喜歡根據信仰系統來行事，而這信仰系統又充滿了許許多多的內規，如別人、我們自己或世界應該如何如何。只要想想我們花了多少精力去把事情改造成我們希望的那樣！也許你相信別人工作沒你辛苦是不對或不公平的，結果就滿腹怨恨或氣憤，於是你就開始少做一些工作，即使這跟你的價值觀不符，你也不在乎；也許你相信人們不該在高速公路上橫插到你車子前面，如果竟有人膽敢這樣做，你就貼近對方車子，尾隨其後，表示抗議，引起車禍也在所不惜；或者，你像許多人那樣，相信你不必表達出來，你的伴侶就應該知道你的感覺和渴望，時間一久，如果別人沒識出你的感覺，或沒遵循你的願望，你就更氣。

可惜許多事情都是超出我們的控制範圍，尤其是在這個大世界中的事件和別人的行為，所以想改變這些事情的功夫常常耗掉我們的精力，不能從事其他努力，最後會導致失望，更加憂慮，甚至苦惱。練習留意你的內規和批判什麼時候跑出來，當「應該如何」這個字進入你心或從口中說出，檢查看看這是否反映了一個規則或一個判斷，只要你對自己的內規和各種「應該如何」更具有正念時，也許你會驚訝你如何受它驅策。別為這事呵責或批判自己，反而要發展這個覺知，因為這是決定用不同方式與世界、與自己連結起來的第一步。

〔常見問題〕

我要怎樣才能從固定看待事情的方式中脫身出來？

說來悲哀，我們的限制往往是從妄見創造出來的，覺知會幫助我們打破慣性的制約，你必須看到自己身處何處以及感受如何，才能改變，練習正念可以幫助你打破你平常的模式，將你從無覺知的熟睡中敲醒，如果這聽起來太抽象，那就說個故事來幫助了解。一位戰鬥機飛行員出任務，敵人的炮火扎穿了他的液壓油儲，這下麻煩可大了，這樣他是放不下起落架的。他苦思如何安全著陸，想得簡直要瘋了，但是他想到唯一的希望就是冷靜下來。在靜默中，他想到一個好主意，飛機上雖然沒有多餘的液壓油，但另外一種液體還是有的，於是他要求他的中隊弟兄盡量堵住那破洞，然後小便到回流管中，這當然是一個別致的方法，但也的確讓他放下了起落架，飛機終於安全降落。

愛麗森的故事

愛麗森相信在她所服務的大公司的人事部門裡，她是工作最努力的人，但她已經來了十八個月了，還沒有調過薪，她愈來愈為這樣的念頭所困擾：我簡直不能相信他們不給我調薪，他們應該知道我是有資格的。」她持續地努力工作，同時也累積很多憤怒、挫折、苦楚，結果她開始胃痛，愈來愈不能集中，工作品質終於下降了。

有一天，她和同事一道吃午餐，她沒法不跟別人談談自己的感覺：「真難以置信，沒人來跟我談調薪的事，這真糟糕，傑利兩個月前調了薪，我們是同一個時間進公司的呀，真不公平，也許我該另覓新工作了。」

朋友回答說：「嗯，你要求他們調薪了嗎？傑利就這樣做喔！」

愛麗森有點迷惑，回答說：「要求調薪？我幹嘛要這樣做？他們應該知道我工作有多辛苦，我多有資格調薪，我不應該主動要求。」

朋友答道：「啊，又是『應該如何』！你如果一直這樣想，調薪就不可能了。」

愛麗森問：「這是什麼意思？」

「這樣說吧，當妳用『應該如何』，妳就在心裡設下了一個規律，限制了妳的潛力和你看待事情的方式，也許他們應該知道妳工作有多努力，但是妳的經理也是一個人，他也許家裡有什麼麻煩，所以沒有注意到，也許他看到妳現在做事並沒有什麼效率。如果這事跟工作表現有關，你需要知道才行，這樣妳才能盡最大努力爭取調薪，誰知道是怎麼回事？我們只知道這些事實：你沒有調薪，而且你不知道為什麼。要是妳去跟老闆講，就跟調薪又靠近了一步，調薪不是妳現在的最終目的嗎？」

愛麗森剛開始不太能接受，但她對朋友的建議想了大半天，最後終於跨過了心中的「應該如何」。次日，她去找老闆，要求調薪，老闆感謝她來談這件事，並且抱歉沒早些跟她談，他提到自己已注意到她工作品質滑落，但他很高興知道她想提昇自己，他們一起擬定了工作表現計畫，在三個月內愛麗森恢復了正常，也加了薪。

探索▼ 你內規是什麼？

探索你的內規。一般而言，內規或內心判斷是覺得自己或他人非按照某種特定方式行事才對，也可能是認定自己不必明白表示，別人就應該知道你想要或需要什麼。內規或內心判斷讓你覺得失望或增加憂慮，甚至更得不到你想要的嗎？寫下生活中的例子。

只要仔細檢視心的運作，你就會發現各種規定你自己、其他人或世界應該符合的內規。你也許吃驚自己有多少「應該如何」，多常這樣看待世界，正念會讓你更清楚看到這個動能。只要認出你受著某一內規的影響，就可能從這樣的思考方式下解脫出來。

繼續練習以前，花些時間慈悲的觀照、如實知悉並整合在這個探索中所學到的。

付諸行動！

內規不見得一定應用在很有份量或很有問題的事上，它們也可以延伸到微小的日常決定。不妨在較容易、較安全的範圍之內挑戰你的內規，你會覺知到這些內規如何運作，並更有信心來挑戰更重大的內規，現在就花些時間做個計畫，打破例行公事，並且做個不同的實驗。舉例來說：

- 睡在床的另外一頭。
- 跟平常吃不一樣的早餐，或者吃你從來沒有吃過的口味。
- 用另外一隻手來吃飯。
- 換個不同的髮型。
- 採取跟你平常不同的觀點。
- 想像你在多年之後瀕臨死亡，回顧你的生命，想想看你沒做但想做的事。然後去做一件這樣的事。

※計畫並檢視你的練習

這就是本章所介紹的正式練習，將本章所述的方法排到下週的行事曆上，至少一週五天，你可以每天更換不同的練習方法，或者一天之內混著練習，譬如說先開始做正念瑜伽，然後繼續正念自我探詢壓力和焦慮。同時在一週之後排出一個時間來檢查你的練習，看看進行得如何。

正式練習

○處理壓力和焦慮的正念自我探詢
○正念立式瑜伽

現在你有七個非正式練習，可整合到日常生活中去。

非正式練習

○RAIN
○正念慣性
○覺察身體的疼痛
○STOP
○將八個正念心態帶入生活
○正念與生活打成一片
○正念進食

正式練習紀錄

每次正式練習之後，都填寫以下紀錄。填寫並回顧上週的練習時，想想看這些練習進行得如何，你注意到哪一模式對你最奏效嗎？你如何保持練習不輟？

日期和正式練習	時間	練習當中生起的念頭、感覺和身體覺受，以及你後來感覺如何

非正式練習的觀照

每天應觀照至少一件非正式練習，可以利用你從這些觀照所學得的，使日常的非正式練習更加深入。

練習	是什麼情況？	之前你注意到什麼？	之後你注意到什麼？	你學到什麼？

第八章

慈心禪轉化恐懼

本章繼續擴大正念修行，把慈心禪也包括進來，苦於恐懼或被壓垮的心一旦服了這一帖靈丹妙藥，便能將壓力、憂慮、痛苦或疾病處理得更好。只要把慈心加入生活，你會體驗到更深沈的愛和慈悲，融化自我中心、貪婪、憎恨，嫉妒和仇恨的種種障礙，心智和心靈會創造更廣闊的解脫。這個自古相傳的修行指的是對自己培育慈悲和愛，然後擴張到他人，一圈圈擴大，最終擴大到一切眾生。如果你像這個快節奏世界中的大多數人，照顧自己是任務清單上的最後一項，很難散發慈悲給自己，那麼就要知道慈悲非常富於療癒效果而且非常重要。你若不能散發慈悲和愛給自己，就不可能散發給別人。

慈心可定義為仁慈的善意或利他的愛，是一種無可限量的愛，可以軟化心，如太陽、月亮和星辰，因為它照耀一切眾生，不加分別、區隔和偏見。要注意，慈心也涵括其他的重要特質，如悲心、喜心和捨心（譯註1）。慈心的由來可上溯兩千五百年前佛陀的時代，故事是這樣說的：一群比丘到偏遠的森林從事密集禪修，安排好森林的修禪處所之後，便安頓下來禪修，不多久便聽到令人不安的聲音，嗅到可怕的味道，看到恐怖的鬼影，他們的隨身物品經常神祕失蹤或亂放一通，起初他們以為有人惡作劇，但終於發現並沒有人（至少不是人類）在搗鬼，便連忙逃離鬧鬼的森林，回到佛陀處。佛陀問他們為什麼回來，他們說受到幽靈干擾，無法禪修，佛陀就教他們慈心禪，做為處理恐懼的療藥，並要他們回到原來的森林，將慈心散發給幽靈。

比丘回到森林，修行慈心禪，很快地原來嚇人的幽靈就過來打招呼了，由於接受了慈

譯註1　即平等心。

心，他們變得非常美麗。幽靈熱忱歡迎比丘，為他們洗足，為他們炊食，比丘於是決定安頓在這偏僻的森林，與一切眾生和諧相處，將慈心佈滿遠近。據說不多時，所有的比丘和幽靈都獲得證悟。

厲害的無名傳染病——缺乏自我慈悲

修習慈心，感到我們對自己的愛，然後向外擴散，似乎非常美妙，但並不容易。你可能不願意承認自己有多少慈悲心，你會發現，將慈悲心送給自己尤為困難，禪修老師兼詩人史蒂芬・拉維（Stephen Levine）常常說，最有效的療癒之途就是愛自己（Levine 1987），可惜我們許多人都做不到，我們兩位作者多年處理成千成百在壓力、焦慮、痛苦和疾病之下的人們，他們往往都不過是因律己過嚴而受苦，這的確是一個未曾為人知曉而且從未命名的流行傳染病，你十之八九不會對一個朋友嚴厲成像對你自己那樣，如果這樣，你大概從此就沒有朋友了。過去正念課程中，有一位女士回想她自己內在的對話，然後意識到她幾乎沒有一天不罵自己是個混蛋，另一位女士馬上接著說，她每天都叫自己白癡，然後有一位男士說，他經常叫自己蠢貨或沒用的傢伙。我們為什麼要對自己說這種話呢？

雖然真的很困難，但至少在我們這一生的早期，大部分人的內心世界都是整體的，也與外在世界連繫著，只要觀察任何兩歲以下小孩子，你會看到自信滿滿的小傢伙，小孩子因為完全接納自我而有一種自主權，他們要便便，就便便；要尿尿或屁屁，就尿尿或屁屁；不高興了，就哭；高興了，就微笑或大笑。小嬰兒在表達自我上既自由又開放。很悲哀的，不知在成長路上的哪一段，我們很多人開始覺得自己不夠好，到底發生了什麼事？我們為什麼對自己這麼嚴苛？是因為教養，還是文化？這只影響某些人，而不影響另外一些人嗎？

人類都是這樣，我們許多人偶而都會缺乏自我愛和慈悲，你有多少次跟自己說「我該做得更好才是」？可能是因為你有時候——或者經常——缺乏自信，事實是，幾乎每個人天天都受到一個討厭、心地狹小、可怕的評論家評頭論足，慈心禪是很好的療藥，也是培養內心療癒很棒的方法，假以時日，熟能生巧，我們都可以發願做到十足的自我接納，甚至自我愛，諾貝爾文學獎得主德雷克．沃爾科特有一首詩〈愛之後的愛〉（1976, 74）描述得非常優美：

那時間終將到來
你與高采烈
歡迎自己抵達
自己的門前，
自己的鏡中，
每一個自己都會向另一個自己的歡迎之意微笑，
還會說，坐呀，吃吧。
你會再度愛上那陌生人，也就是你的自我。

上酒，上麵包，把心也還出來了
還給它自己，也還給那位愛你一生的陌生人
你忽視他
還以為他是另外一個人，而他打從心底愛你。

從書架上拿下你寫的情書
照片，絕望的小紙條
從鏡子裡撕下自我形象。
坐呀。盡情享用生命的盛宴。

——德雷克．沃爾科特〈愛之後的愛〉（1976, 74）

跟自我和解，也許是你給自己最棒的禮物，這是你如實知悉過去並了解過去引領你到現在的時機來了！這是對和解和慈悲打開心門的時候了！你應了解你過去所有的經驗，無論那方式有技巧或不那麼技巧，一向都是生命的一部分，也引領你到現在。當你回顧過去，用後見之明來理解，推動你行動的，其實是缺乏覺知和恐懼，這覺知會幫助你，對你過去所置身的情況有更多慈悲，對你現在所處的情況也有更多理解。

當你的慈心日漸增長，你會漸漸超越自己，逐步擴大慈悲、和解和平靜，最終散發給一切眾生，向更廣大的連結打開心門。大家都知道愛因斯坦的科學智力優異，其實他也是一位睿智的神祕主義者，從以下紐約郵報（*New York Post* 1972, 12）所出版的信扎可以略之一二：

> 一個人是整體的一部分，整體就是我們所謂的宇宙。部分為時間和空間所限制，他感受到他自己、他的念頭和感覺，好像和其他部分脫節——這是一種意識的光學幻象，這幻象對我們是一種囚牢，限制我們個人的渴望，我們只喜歡身邊的幾個人。我們的任務就是擴展我們慈悲的圈子，在美好中擁抱一切眾生和自然界整體，從囚牢中解脫。

正式練習 慈心禪

正式的慈心禪是一個美麗的修行，可以打開心迎接愛、慈悲和同理心。在這個練習中，要連繫上宇宙中無可限量的愛，帶回自心。引導愛和慈悲給自己之後，再向外擴散，首先散發給容易愛的人，像是恩人、導師、老師和其他引導或鼓勵過你的人，你可以從一人開始，再延伸到其他人。接著你以同樣的方式擴散到家庭、朋友和社區中親近和親愛的人。然後是中性的人、認識的人或陌生人，像是市場中結帳櫃台的職員。然後你將慈心送給不容易相處的人，包括和你發生過衝突的人，這便開始中和恨毒的影響了。結束禪修時，將慈心散發給身體或情緒上感到痛苦或困難的人，最後，散發慈心給一切處所的一切眾生。

練習慈心禪時，可躺可坐，但如果你躺著會睡著，那就採取比較直立的姿勢。全神貫注聆聽書中所附練習導引光碟，或閱讀以下的禪修指導，每唸完一段，暫停一下。練習三十分鐘（第二十一段），然而如果時間不夠，音碟中也有十五分鐘的版本（第二十段）。此外，光碟也包括四十五分鐘的版本，加上了更多無常觀和慈心禪的內容。

慈心禪中，傳統的做法是重複一些表達愛、慈悲和善意祝願的句子。在光碟和以下的禪修指導中，我們提供了一些大多數人都很受用的句子，但如引不起你的共鳴，就請自行造句，也請自行修改在每一練習當中所用的句子。

一開始先恭喜自己能夠找出珍貴的時間來禪修，願你知道這是愛的行動。

停下一切作為，並且全心臨在當下，知道身、心、內在的一切——也許是這一天下來諸多事件的感受或念頭，或者近來徘徊心頭的感受或念頭。

只要給內心的一切現象留一席之地並如實知悉，順其自然，不加分析或評斷。

逐漸將注意焦點移至呼吸，正常而自然地呼吸，吸氣時，知道吸氣，呼氣時，知道呼氣。只是覺知呼吸。

將覺知集中於腹部，感覺腹部吸氣時脹大，呼氣時縮小。

一吸接著一呼地活出生命，吸氣，呼氣，觀察每一呼吸生起滅去，只是呼吸。

現在覺知胸部和心臟部位，感覺內在的身體覺受，只是讓身體覺受的浪頭流向它們需要去的地方。

溫柔地覺知跳動的心臟，思惟生命多麼危脆，多麼寶貴，心臟是通向對自己和對他人慈悲和愛的通路。

我們都活在一種不能逃避的現實當中，從受精卵結合的奇妙時刻起，你展開了不能逆轉的老化、然後疾病、死亡和分離的過程，這些是非常有力的觀照目標，因為能使你對重要的事打開心門。

現在，帶著慈悲、慈憫和愛，深入感覺自己寶貴的生命，你也許經常評斷或批判自己，或嚴以律己，你也許對其他人比對自己慈悲，許多人根本不會告訴別人他們跟自己說的話，生怕別人會怎麼想他們。

深入感受慈心本身有力的特質，一種無限、利他的愛，可以比之於太陽、月亮和星辰，照耀一切眾生，沒有分別、區隔或成見。

將這份愛帶到心臟、皮膚、肌肉、器官、骨頭、細胞和生命。願你對自己深度的仁慈和慈悲打開心門，認識並接受自己是不完美的完美生命。

把愛送給自己，可能有一點掙扎。要如實知悉自己的困難之處，以處理這掙扎，然後繼續打開心門，看看對自己慈悲是如何一番光景。

現在就花些時間對下列的每一個句子打開心門，只是幾分鐘，讓它們滲入你的生命：

願我安全。

願我健康。

願我身心自在。

願我安詳。

現在將慈心的領域擴展到一位或多位恩人、老師、導師和其他鼓舞過你的人，重複著同樣的句子：

願恩人安全。
願恩人健康。
願恩人身心自在。
願恩人安詳。

現在將慈心的領域逐漸擴展到家庭、朋友或社區當中一位或多位親近而親愛的人：

願親近、親愛的人安全。
願親近、親愛的人健康。
願親近、親愛的人身心自在。
願親近、親愛的人安詳。

現在更進一步將慈心的領域逐漸擴展到一位或多位中性的人、認識的人和陌生人：

願中性的人安全。
願中性的人健康。

願中性的人身心自在。

願中性的人安詳。

現在散發慈心給一位或多位難纏的人或仇敵，散發慈心給這群人似乎很困難或極不可能，但要理解、憎恨對我們的身心健康有毒害，因此要散發慈心和悲心給自己，中和憎恨。然後思惟寬恕，了解衝突和不仁慈的根源往往在於恐懼和缺乏覺知，打開心門，對難纏的人散發慈心，然後進一步祝願他們也發現通往心靈的道路，獲得更強大的覺知，並轉化恐懼為愛。溫柔地、慢慢地散發慈心給難纏的人或仇敵：

願難纏的人安全。

願難纏的人健康。

願難纏的人身心自在。

願難纏的人安詳。

現在，花些時間觀想一下那些沒那麼幸運的人，心中觀想一位你認識正在感受身體或情緒痛苦的人，觀想這些面對困難或挑戰的人得到更多的療癒和平靜。

進一步擴展這療癒的圈圈到一切眾生，祝願一切有身體疾病和心理苦惱的人都安詳自在。

現在，散發慈心給天災或戰爭中的受害者、飢餓或失去家園的人，願他們安詳自在。

散發慈心給感覺焦慮、壓力、孤立、疏離或絕望的人，那些迷戀、失落或放棄的人，願他們安詳自在。

不要遺棄任何一人，願受苦的人安詳自在。

使慈心的能量如同天空般無窮無盡，散發慈心給一切人類和一切眾生。

散發慈心給一切眾生，不遺漏任何一個人，無論大小、強弱、遠近、看得見或看不見，已出生或尚未出生。

散發這份廣闊的愛給地上、水中或空中的一切眾生，向各個方向散播慈心。

願一切眾生安全。
願一切眾生健康。
願一切眾生身心自在。
願一切眾生安詳。

現在，將這份愛向外擴散，沒有疆界或限制，進入太陽系，然後更進一步，整個宇宙，願一切眾生安詳自在。

然後再一次的將這無垠的慈心散播在自己內心，然後散發給宇宙中的一切眾生，願一切眾生安詳自在。

將專注力從慈心禪抽回來，再回到呼吸，當你吸氣和呼氣時，深入感受整個身體，感覺到整個身體吸氣時上升，呼氣時下降。感覺身體是單一而完整的有機體，連結著而且為一個整體。

結束禪修的時候，願你將你所得到的功德分享給一切眾生。願一切眾生安詳自在。

願你再次恭喜自己做這禪修，要知道這對你的身心健康都有好處。願你知道這是愛的行動。

慈心禪筆記

第一次練習慈心禪之後，觀照你的體驗，寫下心中生起的一切。練習慈心禪時，有什麼念頭、感受和身體覺受生起？對你有什麼影響？又有什麼啟發？

付諸行動！

花些時間觀照一位家人、朋友、同事或任何你想起的人，如果多為他設身處地一點，感覺如何？觀想那人過去的失望或失落，還有他過去的探險和勝利，現在就邁入那人的生命中。你可以應用在朋友、或死對頭，或陌生人身上，這樣觀照和聯繫時，身心上有什麼感覺？你是否感覺到人性的連結？

處理抗拒：感覺不到愛時，怎麼辦？

修習慈心禪時，有時候不太感覺到愛，這很常見。實際上，慈心禪還可能會攪起令人困擾的念頭、情緒和回憶，因此抗拒和憎恨的感受也會生起，這其實是慈心禪非常珍貴的另一個證明：這說明這種感受存在，只要覺知並如實知悉這些感受，你便可以將它們含括在練習中，觀察你傾向靠近還是遠離慈心禪，你一切內在的感受都可視為這個練習的一部分。

如實知悉並觀察這些感受之後，你可以用自我探詢來探究抗拒和憎恨，什麼讓你打不開心門，來培養對自己和他人的慈悲和愛？這是一個我們可以與之同在並深入探詢的問題，你會發現內心許多從未知悉的感受，需要探究並重新整合。

散發慈心給難纏的人也非常困難，如果散發不出慈心給他們，那就去觀照憎惡和怨恨如何影響你的心智、心靈和身體。你若懷著怨恨，會得到好處嗎？這樣懷恨時，你身體感覺如何？它如何影響你的念頭和情緒？若這樣探詢憎惡情緒時，你會發現憎惡對你身心的健康確有毒害，而且憤怒或仇恨的心是一顆受苦的心。有了這樣的覺知，你就開始中和這些感受了——但最優先而且最重要的就是散發慈心和悲心給自己。

須思惟寬恕並了解中傷或衝突的行動往往出於恐懼和缺乏覺知。禪師諾曼・費雪（Norman Fisher）從佛教徒的觀點改寫了《詩篇》（*Book of Psalm*），名為《向你打開心門：詩篇的禪譯》（*Opening to You: Zen-inspired Translations of Psalms*），其中他改「邪惡」或「不義」為「疏忽」或「失念」，這就讓《詩篇》扮演了不一樣的角色，與其去批判人物、事件或你自己，認定為邪惡的或壞的，你不妨想想有人缺乏覺知或出於恐懼，而引起衝突或其他令人困擾的互動，都是行動欠缺技巧，這樣一來，您就可以理解難纏的人或仇敵的話語或行動背後的感受。如果你未曾這樣想過，就想一想你既然有一串傷害你的人的名單，你說不定也上了別人的名單呢！願我們都能找到通向心靈的途徑，並學著轉化恐懼為愛。

林肯有一個故事充分描繪出愛的力量：南北戰爭期間，林肯在一個官方接待會中指出，南方佬是犯了錯誤的人類，而不是必須翦除的敵人。眾中有一位老太太是激憤的愛國主義者，斥責他把仇敵說得太好了，他該消滅他們才對，林肯答說：「夫人，我把他們變成朋友時，不就毀滅他們了嗎？」（King 1981, 55）佛教經典《法句經》中的句子也有同樣的情懷：「絕不可能以怨恨止息怨恨，只有愛可以止息怨恨，這是永恆不變的真理。」（Goldstein 2003, 125）

慈心是一個強而有力的練習，可轉化仇恨，打開心門，迎向無比的喜悅和平靜。絕對不要低估愛的力量，它可以移山填海，化敵為友。療癒的方法中，沒有什麼比用開放的心靈去愛自己和他人更好的了。

〔常見問題〕

練習慈心禪時，我有時候會感到相反的感受，像是憤怒或悲傷，因此我想我沒做對，覺得自己糟糕極了，怎麼辦？

首先要知道，這類感受非常正常，這個練習往往會揭露我們退縮或卡住的地方，若有這樣的感受，要打開心房，即使一時感覺不到慈悲，也要對自己慈悲。你必須如此，方能真正打開心房，愛他人。只要你欣賞並接受自己是一個不完美的完美人物，你就可以將這個心態散發給別人，同時要如實知悉所生起的情緒或回憶——憤怒、悲傷、不安全感、困惑或任何令人困擾的情緒，順其自然，久而久之，你會慢慢地在內心整合這些感受，體驗到更深的解脫和平靜。

探索▼ 你的身──心快樂嗎？

要知道你如何與自己互動。你多常拋些不仁慈的訊息給自己，如「我沒救了」或「我真沒用」？你會向別人講這些對自己說的話嗎？這些訊息使你更有壓力，更焦慮，更悶悶不樂嗎？你心裡感覺如何？你身體感覺如何──也許是疲倦、緊繃或疼痛？花些時間來探索你身心中出現的一切現象。

一行禪師《你可以不生氣》（*Anger: Wisdom for Cooling the Flame*, 2001）〔譯註2〕一書中談到澆灌我們自己的痛苦種子。如果你常拋不仁慈的訊息給自己（我們多多少少都會），你也許一直在為自己的痛苦種子澆水呢！如果你不再這樣做，會有什麼不同？

在日常生活中遇見難纏的人或不自在的情況，可能會生起憤怒的感受。若有人戳你的罩門，你打開心房並懷著初心，會是什麼光景？想一想現在與你有衝突或溝通困難的人，你能將那人的話語和行動連上他所面對的困難嗎？花些時間探索特別難纏的人也有正面人格特質，他又為什麼會表現出不仁慈的行為。

我們必須承認，這類探索並非易事。事實上，淨化心智和心靈非常困難而讓人謙卑，但我們要知道與痛苦、疼痛、缺乏覺知同在，其實是一條更困難的道路。覺知的光照亮陰暗面之際，要知道，每一個人都有內在的陰影和怪物，這其實是成長的肥料。去探索你拋給自己的訊息，是邁向更大解脫有力的第一步，有了覺知，慈悲心就會成長。願覺知和慈悲心之光釋放你，給你自由。

繼續練習之前，花些時間慈悲地觀照，如實知悉並整合你剛才所寫下的。

譯註2 中譯本由橡樹林出版，2003年。

非正式練習▼

日常生活中的慈心禪

你可以在一天之中非正式地將慈心散發給不同的人，也許你和伴侶坐在一起時，將慈心散發給他，也許你在一天之中某個時刻和某人有過節，卻不以恐懼、憤怒、侵略或孤立來反應，反而決定散發慈心給那人。譬如說你在超級市場或郵局排隊等候，你可以散發慈心給工作人員；如果你在一場球賽或公共場合當中，你甚至可以散發慈心給群眾中的每一個人。重點是你在任何時間、任何地點非正式地練習慈心。因此在一天當中，這裡灑一點、那裡灑一點非正式慈心修行。當你對他人打開心門，感覺如何？此一變化又如何轉變你對其他人、你自己和一般事物的思考和感覺？

※計畫並檢視你的練習

將以下的正式練習排到下週的時程上，記得要包括行禪和正念瑜伽，至少一週五天，你可以每天更換不同的練習方法，或者一天之內混著練習，譬如說先開始做正念瑜伽或行禪，然後繼續慈心禪。同時在一週之後排出一個時間來檢查你的練習，看看進行得如何。

正式練習

○ 慈心禪
○ 行禪

○正念瑜伽

現在你有八個非正式練習，可整合到日常生活中。

非正式練習

○日常慈心
○RAIN
○正念慣性
○覺察身體的疼痛
○STOP
○將八個正念心態帶入生活
○正念和生活打成一片
○正念進食

正式練習紀錄

每次正式練習之後，都填寫以下紀錄。填寫並回顧上週的練習時，想想看這些練習進行得如何，你注意到哪一模式對你最奏效嗎？你如何保持練習不輟？

日期和正式練習	時間	練習當中生起的念頭、感覺和身體覺受，以及你後來感覺如何

非正式練習的觀照

每天應觀照至少一件非正式練習，可以利用你從這些觀照所學得的，來使日常的非正式練習更加深入。

練習	是什麼情況？	之前你注意到什麼？	之後你注意到什麼？	你學到什麼？

第九章

人際關係的正念

練習到這個階段，你已學到內省的正念——不加批判地與內心念頭、感受和身體覺受同在。本章將專注於人我關係的正念——也就是不加批判地當下覺知你和他人的互動。你會學到，你今天的這個人是童年經驗所影響的產物，例如你和父母或照護者的連結或失聯。然後我們會介紹人我關係正念的特質、正念溝通和聆聽的藝術，以及在家庭中或工作中應用人我關係的正念，來增進自己和他人之間的關係。

人類是社會動物，我們大多數人都在每個人的複雜性和獨特性中，花了許多時間和他人互動，每一個你與之互動的人——子女、父母、兄弟姐妹、老闆、朋友、同事、鄰居，甚至難纏的人（也就是你與之衝突或有其他困難的人）——都提供了一條邁向新世界的通路。你若覺得和其他人分隔，要知道我們人類都有共同的經驗，每一個人生到這世界上，都累積了許多勇氣和恐懼、喜悅和悲愁、快樂和痛苦、獲得或失落的故事，然而除了這些共同之處以外，人也是生命中很大的壓力來源，人可以要求很高、急於求成、威脅、不負責、不合作而且不敏感，有時候你最親密或親近的人也就是最大的壓力來源，或許你感覺要對他們的幸福負責，或許他們最懂得戳你的罩門。

人我關係模式開始之處

正如你發展出根深柢固的思考慣性風格，讓你卡在壓力反應中，像是感覺大禍臨頭、誇大負面念頭或感受、責怪等，你也會發展出和別人互動的慣性方法，許多行為是由於你最早接觸的人我關係而發展出來的——和你的父母和照護者互動。不幸的是，如果這些行為模式是根據是功能失常的親子關係而來，便會造成和家人、朋友或共事者的人我關係功能失常。

舉例而言，如果父母沒能給你如何處理衝突的典範，你也許今天就不能好好解決衝突。衝突一旦發生，你會想盡辦法去避免衝突中必然的不安情緒，也許你會發展出不正面衝突的被動風格，也許你把他人的需要放在自己之先，或沒有能力說不，結果你感覺招架不住，承諾過多或被壓力壓得喘不過氣。反過來，你可能覺得衝突沒什麼大不了，結果不停製造衝突，或許因為這是你以前學到和別人做情緒性接觸的方法，或許因為衝突給你一種有力量的感覺。問題是，侵略性的行為會給人傷害的感覺，尤其是你若利用霸凌或貶低別人，非常容易被掃到自動反應的輪迴中不得脫身，結果人我關係便急劇向下沉淪。

當前人我關係中的衝突會引起不安的情緒，很可能觸發對過去失常的關係創傷的回憶或感受，當你感到陷於其中或受到威脅時，很容易又掉進老舊的關係模式，這是你從童年以來就不斷排演的。你尋求愛的時候，最好能了解擋在路中間的內心障礙——都是在早期人我關係的影響下所形成的障礙。我們幼小時，仰賴父母或照護者而得到安全感和穩定感，但是他們不一定都能滿足我們的需要。

人我關係模式從何處開始之說，並不是通俗心理學，根據的是理論和研究。病理學家兼心理分析家約翰・鮑比（John Bowlby 1969）首先用「依附」（attachment）一詞，他推理如果父母當下能與孩子的情緒和需要的內在世界頻率調成一致，兒童便更容易感覺安全、連結、被愛。之後的十年，心理學家研究嬰兒發現，每個嬰兒的依附形態不一樣，有些依附形態和安全感結合在一起，有些依附形態則是很弔詭地和不安全感和憂慮結合在一起（Ainsworth et al. 1978; Main and Solomon 1986）。神經科學家發現依附風格往往會影響大腦，心理學家兼神經科學家艾倫・仕柯（Allan Schore）博士在他的著作《自我的感情調節失常與紊亂》（*Affect Dysregulation and Disorders of the Self*, 2003）一書中全力討論在生命最初兩年，依附對大腦產生結構性的改變，他說為人父母若不夠敏感，會影響孩子調節情緒的能力，孩子可能一生都有這失調。丹尼爾・席格在《喜悅的腦》一書中說，父母和孩子調頻到一致的結果是一種共鳴的狀態，孩子可以「感到被感覺到」，這個共鳴狀態有助建立大腦的調節網路，可以支持小孩在往後的生命中有韌性、有能力連結上有意義、具同理心的人我關係。

這些和你這個成人有什麼關係呢？晚近的研究發現，父母對於他們自己父母的依附程度，預示了他們子女對於他們的依附程度，而且有高度的準確性（van Ijzendoorn, 1995）。童年期經歷了不安全依附的成人，通常較難管理情緒，也較難接下生命給他們的曲線球（Shaver and Mikulincer 2002）。然而我們必須要注意，童年有不安全依附的人並不會註定人我關係不好，即使你童年期間經歷不安全依附，還是可以在成人期轉變這種模式（Main and Goldwyn 1998）。

雖然大部分父母盡可能提供孩子內在和其他的資源，但往往缺乏調頻和共鳴，孩子便會在人我關係中感覺不安全。例如父母若因為忙於討生活或在人我關係中掙扎，而在情緒上無法照顧孩子，你可能因適應此一情況而否定情緒和人我關係的重要性，覺得不需要依靠父母，而在內心告訴自己說你不需要依靠別人。要不然，如果童年中不是一直都有調和與共鳴，你也許會覺得對人我關係困惑而懷疑，現在這個身為成人的你，會擔心伴侶會不會回報你的感覺，又或許不太願意發展親密關係。如果你父母之一表現嚇人或虐待的行為，你可能活在恐懼中，常常感覺被逼逃開，一方面卻又希望父母會安慰你，在這種情況之下，你也許不光是對情緒和人我關係感覺困惑，甚至還在關係不良時，犧牲自己，像照護者般努力地去照顧其他人的需要，防止不良的互動。

好消息是，不管你的教養或早年影響，正念使你能如實知悉並確認你的經驗，從而認識並理解你的過去，這種**內省的調和**（intrapersonal attunement）——和自己調和、共鳴——你會感覺安全並對你的念頭、感受和情緒打開心房（Siegel 2007, 2009），這種內在的覺知和共鳴使你堅強，感到足夠安全而可以用耐心、同理心和智慧，在和家人、朋友、同事、陌生人，甚至難纏的人相處時，都能與他們的感受同在。這樣，內省的調和打開了人我的調和與共鳴，增進所有的人我關係。

依立夏的故事：躲在桌子底下

我六歲的時候，父母離異，他們第一次過來告訴我們三個孩子時，我只是站著，一滴眼淚也沒有，但心中無比憤怒，媽媽問我：「怎麼啦，依立夏？你清楚怎麼回事嗎？」我很生氣地回答：「知道啊，你要我怎麼辦？拿頭去撞牆，我才會哭嗎？」我當然很受傷、很憤怒，我的地基——我所了解的家庭——在我心中土崩瓦解了。

我開始任性演出了。有一個方法就是在餐廳中，我覺得我們在家做飯很容易，不必去餐館花錢，這叫我很生氣。全家出去吃飯時，我總是噘著嘴，家人得拉我上車，我會躲在餐廳桌子底下良久，來抗議花了這麼多錢。

多年以後，我發現每當妻子和我有爭執時，我很難覺知情況並和她連上線，有時候我的反應就是麻痺情緒、清理房子、打開電視或做別的事，因為我覺得無助，就是不想去處理它。有一天，我去看心理治療師，形容給他聽，心理治療師說：「你生氣的時候，還是躲在桌子底下嘛！」這就我幼年處理事情的方法，我和太太鬧意見時，也是這樣處理。我終於意識到童年經驗影響了我的婚姻，我便更全心臨在這反應的輪迴，從避免痛苦轉而去接觸痛苦，這不但有助我感覺更安全，同時更能與妻子連上線，不過，有時候我還是逮到我自己躲在桌子底下，但一般來說，我較快看到他了，然後，我就可以對內心的那個小男孩微笑並給他一個擁抱，叫他別擔心，沒事。

人我關係正念的特質

你即使在覺得遭受威脅、憤怒、恐懼這樣艱難的人我互動之下，還是可以正念當時情況，然後大大的增進人我關係。我們曾經提過，正念修行是開墾一座花園，必須具備某些特質和條件，才能夠讓正念成長。第三章提供了正念修行最重要的八種心態，同樣的，如果要人我關係繁茂、充滿生機，就要照顧這份關係，當人我關係緊繃或艱難，只要正念這個情況，就可以預先防範人我關係枯萎或爆發。

我們認為有六種特質對培養人我關係正念很重要，而且可以大大增進人我關係：

● **開放：**一如初心，這種特質是打開心門，嶄新而且新鮮地去看對方和這份人我關係，同時也打開心門迎接對方的觀點。隔離或防衛當然對開放心靈和心智是個障礙！要培養這份開放，留意你對對方說的或做的第一個念頭或批判，然後觀想這只是其中一個觀點——圓形圖表上的一片，而不是整個圖表，觀想用其他的觀點來填滿這一個圓形圖，每一個觀點都有同等的價值。

● **同理心：**這種特質是實際認識對方的感受—也就是在情緒上為對方設身處地。第一步就是要如實知悉並體驗自己的感受，唯有如此，你才能為對方設身處地。要培養這種特質，必須練習對自己情緒具有正念，聯繫上自己的情緒，然後若你感到對方在某種情緒之下，你便進入這種情緒。你意會到對方的感受時，可能會信任自己的直覺，這個也很管用，然而你若一點也不確定對方的感受，不妨直接去問一問對方。如果你很難生起同理心，或許可以體會我們都想要一些基本的東西：接納、被愛、感覺安全。

● **悲心：**這種特質結合了同理心和理解別人所在的情況，想要減輕對方的痛苦。若要培養這種特質，必須想像對方的悲愁和痛苦。在這一世的生命中，他們當然經歷過失望、失敗和失落，而且恐怕有一些創傷深到不願意講出來。觀想對方是你的孩子，感覺害怕和痛苦，想想你要怎樣安慰他。

● **慈心：**這種特質使你真正希望另一人很好——健康、安全而不受傷害，也沒有恐懼。當你練習第八章所談的慈心，你可能會感覺對「難纏的人」說比做容易。要培養慈悲心，仍然是觀想對方是自己的孩子，並想一想你會怎樣將最好的祝福送給他，觀想你多希望看到那個人的生命存在這個世界上。

- **隨喜：**這種特質是你為別人的幸福和喜悅而感到高興，跟嫉妒、羨慕和憎恨完全相反。若要開發這種特質，必須觀想對方正在成長，觀照對方所經歷的喜悅和冒險，以及克服困難時的勇氣和力量。無論對方的情況如何，隨喜都是可能的，這不過是知道每一個人都能感到內心的喜悅，並希望對方也得到這份喜悅。
- **平等心：**這種特質是智慧，心平等而穩定，理解變化的本質。平等心了解一切生命的相互依存性，給你更多平衡和鎮靜。你可能像大多數人，根據你對他人的觀念而對待每個人不同，也許非常關心一位同事，卻因為趕時間而對郵局職員不太高興。要知道，所有的人我關係都有天生的價值，一切人類都有資格用前述的五項特質來對待。若要培養這種特質，就去觀想對方的臉，無論是父母、朋友、情人、孩子或學生，你會看到對方和我們所有人一樣都需要仁慈和愛。

探索▼製造連結

與別人連結是一種過程。觀想你關心的一個人就坐在你前面，重新閱讀以上每一個特質的描述，唸完了每項特質，閉上眼睛，觀想、注視並和那人互動，專注於那種特質，每一種特質都做完了，寫下你心裡生起什麼感受。

開放：

同理心：

悲心：

慈心：

隨喜：

平等心：

心中存著六種特質——盡你的理解來思惟並培養它們——這會滋養、支持並強化你與他人的連結，開發這些特質，可將能量導向建立更強大、更健康的人我關係，這些心態之間互相依存，每一項都會影響其他幾項，你只要培養了一種，就會增強其他的。

繼續練習以前，花些時間連結上呼吸，正念觀照剛才寫下的，慈悲地知悉、確認並整合你在探索中所學到的。

正念溝通

溝通是用身心與他人或我們自己連上線的過程，可以用話語，或不用話語，或兩者皆有。你可能有過和他人溝通的經驗，感覺和對方連繫，受到尊重而且被愛，同時也有過其他的互動經驗，覺得失聯、不受重視或受到挫折。只要你感覺受到威脅，便會生起壓力和焦慮，而你為了避免這種不適的感覺，可能會不想再管這份人我關係、你自己或其他人了，你可能不再聆聽，不能清晰表達你的情緒和需要，或陷入反應心靈陷阱，如責怪、批評、批判，使對方感覺想防衛，並升高情勢。當這個循環持續，你會變得更恐懼、憤怒、自我中心，固執自己的觀點和感覺，於是增加了抗拒和防衛，同理心飛出窗外，對健康的溝通非常重要的調和與共鳴也像一個遙遠的夢境了。

幸運的是，你可以培養一些更有效溝通的技巧，增加有意義和令人滿意的互動的可能性，來反轉這個循環。當你將正念應用於人我溝通，注意你的念頭、感受和身體覺受，你會刻意回應他人的行動，這樣則創造了一個空間，而不是以慣性來反應，這其中最基本的技巧之一，就是正念聆聽的藝術。

正念聆聽的藝術

你可能聽過一種說法：「我們生了兩隻耳朵和一張嘴巴，所以我們聽的比講的多兩倍。」從小時候開始，父母每次說：「你有沒有聽到我說話？」你就要翻個白眼，我們大多數人做孩子時不但不聽，還很討厭這些問話。如在成人的人我關係中，這就可以翻譯成持續缺乏注意力，不怎麼熱心地改寫幾個鑽進耳朵裡的字。事實上，小孩和成人都可能這樣，結果人我互動變成失聯、挫折感和痛苦的感受。有一句西班牙的老話說：「兩個很愛講話的人不會想一起旅行。」我們都希望人家聽到我們的話，覺得需要別人理解我、接納我而且被人愛。當我們感到對方真正在聆聽，我們的恐懼和防衛就會消失，增進人際關係中的連結、同理心和平靜。

聽到 vs. 聆聽

不幸的是，我們大部分人都覺得自己聽到（hearing）了他人，其實常常沒有真正地聆聽（listening），讓我們來好好檢視一下聽到和聆聽的分別：聽到是一種被動的生理過程，耳朵攝入聲音的振動，卻沒有縝密或面面俱到的注意力，反過來說，聆聽則是主動的心理過程，刻意而且非常善體人意地注意對方傳送的訊息，因此，聆聽也指除注意話語的聽覺刺激外，還注意到其他暗號——如身體語言、音調或臉部表情的暗示，這個表示聽到不是出於選擇，聆聽卻是。

真正的溝通非常有益，好好想想，為什麼我們花了這麼多時間去聽卻沒有真正聆聽？理由有很多種，大多數人只是因為在環境中有太多東西必須去聽罷了。真的，好像從我們一出生開始，就要做許多小小的決定，決定要聽誰或聽什麼，我們在做許多決定時，缺乏有意識的思考或深思熟慮，時間一久，便墮入一個習慣，常常選擇去聽加強我們對事情原來感覺的訊息。以政治為例，不管是保守派還是開明派，大部分人都只聽加強他們原來意見的訊息和媒體，而對「另外一邊」代表的意見全然鄙視，當他們聽到另外一邊的訊息時，可能根本沒有真正聆聽。真相是，人我關係很像政治，也是一個協商衝突、欲望和意見的過程，雖然兩方都放出訊息，但每一方都不會把對方的訊息真正聆聽入心。

情緒和聆聽

情緒也對我們聽到什麼或如何聽影響很大，你若是高興，就會濾掉不愉悅的訊息，聆聽你認為愉悅的訊息，相反的，你若覺得沮喪或焦慮，就比較會去聽不愉悅的訊息，卻不理會愉悅的訊息。如果你遇見一個狀況，把它解讀為威脅，就很可能受到壓力並感到恐懼或憤怒，當或戰、或逃、或止的反應出現，你的心就可能過於感情用事，而不去聆聽，反而想試著弄清楚如何糾正或逃避這個情況，或者陷於麻木或僵固。

正念會讓你注意到自己的反應，重返當下，如實知悉自己的感受，進入「成為」的模式，而非「作為」。只要你不加批判地接觸你的不安，並順其自然，你便可以駕馭人我關係正念的品質，進入對他人懷有同理心、慈悲心和連結的狀態。只要有意向地聆聽別人，包括他們感受到的痛苦，就可以看到他們過去的失落和創傷影響著他們今日的反應，你會知悉對方所表現的痛苦，以同理心來回應。正念聆聽，你更易看到自己的理解與事實之間的鴻溝，而會問問題來澄清不清楚之處。

這種類型的正念互動會使對方「感到被感覺到」，產生更多的調和與共鳴，驅散影響人我互動的恐懼和憤怒。要記得，具有侵略性行為的人常常是因為感覺不安全、受威脅或害怕，當人們感覺到有人聆聽，便會覺得跟人相連，比較不會那麼保護或防衛。

我們的工作坊中，常常將學員分成三人或四人一組來練習正念聆聽，主要是教導一個人說話的時候，另一人沒有干擾地聆聽，有一位學員喬治，活得非常忙碌，工作日要忙上十小時，還忙夫妻關係和三個孩子，他常同時進行多重任務（multitasking）來把事情辦好。舉例而言，在晚餐桌上，或幫孩子溫習功課，或回復辦公室傳來的簡訊，好減輕次日的工作量，這個「解決之道」對於他家庭時間的品質有負面影響，而且往往產生更多的壓力和困難。

在課上練習過正念聆聽之後，喬治回家，決定和兒子安德魯練習。他關掉手機，專心聽安德魯告訴他有一個男生霸凌自己，他有多害怕，喬治攝入這些訊息，卻不插嘴，他回憶到自己小時候被霸凌的感覺。在那個時刻，他注意到他對那個小男孩的愛和同理心，而且有一種他好久沒有注意到的和小男孩連結的感覺。等安德魯講完，喬治說出自己的故事，而且告訴安德魯自己非常愛他，他後來意識到這是他第一次在口頭上告訴安德魯他愛他，安德魯流下眼淚，對喬治說他也愛他。當喬治抱緊安德魯時，他感覺到自己的眼淚湧出——愛和慈悲，還有感謝正念的珍貴時刻的眼淚。

正念聆聽真是一門藝術，需要時間來培養。只要假以時日，你會放棄慣性的過濾模式而且攝入以前你從來不知道的更深度訊息，其中一個訊息就是你多麼真實地被人愛著。

非正式練習▼正念聆聽

有人和你說話時，看看你可否注意等對方把話全說完都不插嘴。注意你的心是否開始渙散，想著你待會兒要做什麼事，或生起宿怨，或想到聰明的反駁，或者其他。一旦如此，只要知道即可，刻意地重新注意聆聽。要記得，人們只要感覺到有人聽他，不但會和你更有連結，同時也比較不那麼保護和防衛自己。這製造出一個空間，於是對話和連結更有成效，同時你也打開心門，去攝入更多對方所講的內容，因為你珍貴的注意力資源不再全都分給你自己腦袋所想的。練習的時候，你也許會發現你攝入了比以前更多的生命，看看你可否用好奇的心態來練習。

等對方講完了，在回應之前，先呼吸一次。

要記得，你不可能做得非常完美，所以每次你無法完全正念聆聽時，要原諒自己，並運用這時刻做為洞察，來強化你正念聆聽的修行，你可以一遍又一遍地練習。

合氣道溝通

正念減壓課程根據植芝盛平（Morihei Ueshiba）所創的日本武術合氣道的覺知練習。合氣道被稱為建立和平的武術，以勇氣、智慧、愛和連結為基礎，我們在正念減壓中教導合氣道的一個層面，幫助人們打破威脅、情緒或壓力互動之下的慣性反應，反而去揉合對方的能量，這既減少衝突，而且對你或對方都沒有傷害。

我們在最親密的人我關係中對待彼此最為嚴苛，常常，人們會衝著最親近的人出氣，直到那個出氣筒受夠了氣，有一天覺醒過來了，說：「我再也受不了了，我不玩了。」無論你是和親密的伴侶、家人、朋友、老闆或陌生人相處，我們有無數的機會成為傷害或無法接納溝通的接收端，如果你處於自動運作模式，很容易就變成或戰、或逃、或止的反應，若這個循環無法打破，你的念頭、情緒和身體覺受就彼此輾轉增強，結果你逃避、被動攻擊、認同自己是受害者，甚至變成徹頭徹尾的攻擊和衝突，這很快就關上了解、和解的大門。

無視或逃避攻擊是一種被動的策略，可以提供暫時的緩解，但是很快就會增加對方的挫折感，後來再回過頭來咬你，用被動攻擊的方法和對方相處，常常使他們搞不清楚真相，一般也會升高衝突。另外也要注意，屈服於對方的語言攻擊，讓對方得逞，卻不為自己撐腰，你就是被動，就是受害者，久而久之，會毀損你的自尊，你覺得自己像塊踏腳墊，這就是反擊的攻擊策略之所以如此常見的原因，因為捍衛自己感覺很好，給你一種自尊的感覺。還有，你絕對是和對方相連的——雖然並不是一種能夠增進調和與共鳴的相連狀態，我們不是一直努力和他人相連結嗎？

合氣道中，有一種特定的身體動作叫做「進入」（entering）或「揉合」（blending），對一個攻擊反應運用一種技巧的偏轉，你或攻擊者都不會受傷，這種動作首先中和攻擊者的動作，然後轉化它。在溝通的領域裡，這個方法在逃避、被動攻擊、受害者行為和純粹攻擊以外，成為另一種選擇，進入並揉合溝通是更技巧的互動，導向調合並連結，這看似很像率直，但超越了率直而創造出人我關係的和諧。讓我們來看一看究竟如何能夠做到：

- **與之合作：**合氣道中，你一開始先接近並進入互動，而不是逃避對方的攻擊或讓對方得逞，方法之一就是先了解攻擊者不平衡、不安，為他設身處地著想，問自己，如果當下處在他的情況，你會如何，想一想對方如何的掙扎才造成今天令人困惱的情況，要與他合作，重要的是正念聆聽——不只是聽話語，還有反映在聲音背後的情緒。如果你不清楚攻擊的原因，誠懇地問對方對情況的感受和信仰，你可以說：「我想更了解你的立場，請多說一些。」這會澄清更多，你與自己合作更密切，也播下同理心、慈悲心和調和的種子。

- **同意：**當雙方都朝一個方向看，只要找尋一些可以互相同意之處，便可增加合作。正念聆聽有助你辨認出自己是否有憂慮、情緒或需要，可以跟對方的感受共鳴，不要憑空捏造不實的事，只為了看起來像有同理心的樣子；看看你是否能根據實際情況，真正確認對方的感受。你可能會說：「我很關切我們的財務狀況，錢不夠，我也覺得很可怕、很緊張。」或者「如果人家這樣對待我，我也會生氣。」或者「我也對市場情況很失望。」之類的話，注意以上的例子都用「我」起頭，記住你只為自己說話，人們若覺得你在責怪他們，會比較防衛。

● **引導：**你開始可以將互動導向更正面的方向了，你可以說：「我們兩個人都對這個情況很失望，我們怎樣能夠改進？」這樣，你不會站在相反的那一邊，現在你們兩個人已經成為一國了，要一起找出解決之道。

● **解決：**這並不見得指解決，在這個階段，你並不知道情況何去何從，但至少你們是連結的，而且望著同一方向，現在你開始尋求一個雙方都同意的折衷方案，要不，就只是同意或不同意。你可以說：「如果我減少外食，你能不能找個管家，這樣我們可以花多些時間在一起。」你可以提出暫時性的妥協方案，承諾將來重新去檢視是否對雙方都行得通，如果你什麼都不能同意，也許你要回去看看問題出在哪裡，找出能夠同意的事。

當你決定與對方的能量合作，你必須自己先保持平衡，正念於自己的情況，即使有憤怒或恐懼仍保持正念。有一個觀察你是否有反應的方法，就是注意自己的身體，如果有任何一處僵硬或緊繃，便可能是對自己的不自在反應，想要避免或忽視，利用身體覺受來如實知悉此刻有什麼念頭和情緒，同時轉而注意呼吸的一起一落，讓自己全心臨在當下，當你平衡並臨在，你便製造了一個空間，可以用更大的靈活度和創意來正念反應，而不是失念反應。對自己永遠要有耐心和慈悲。合氣道溝通的技巧必須花時間練習，才能熟能生巧。一開始，你可能還會以恐懼和憤怒來反應，這樣的話，一面順其自然，一面讓自己從事「進入」和「融合」的過程。

最好要如實知悉有時候人們會寸步不讓，以致當時沒有解決問題的辦法，你們甚至無法彼此同意問題到底在哪裡，你們的信仰基本上完全不同，到頭來，你們也許必須認同雙方彼此的不同意。如果情緒太高昂，你們兩人最好都花些時間和空間來處理自己的恐懼和憤怒，待雙方都比較平靜後，再回到談判桌上，有時候只是知悉何時進何時退的智慧，對健康的人我關係都非常需要。暫時走開反映出你的洞察力，你知道一時不可能解決。

合氣道溝通幫助你學習如何去合作、同意、引導，最終解決，合氣道溝通超越了率直，甚至超越了自尊地為自己說話，你可化開情緒高漲的情況，同時加強連結、同理心、慈悲心與和諧。

探索▼ 辨識出現存人我關係的慣性模式

你熟悉以上所提的任何溝通形態——逃避、被動攻擊、受害者行為、徹頭徹尾的攻擊、率直、揉合嗎？你有任何對特定人士的慣性嗎？用以下的格子寫下浮現心頭的這樣的人我關係，舉例而言，你若注意到自己和某人在一起時，常墮入受害者行為，寫一寫這樣的關係如何形成的。誰說了什麼，生起什麼念頭、感受和身體覺受？結果為何？你若注意到自己和某人在一起時，常顯得攻擊性或率直，也寫下來。一旦對人我關係形態有了鳥瞰的觀點，覺知便會增進，進而踏出這些慣性模式。

願你培養覺知，認出加強不健康人我關係的慣性模式，創造出空間，做出改變。

繼續練習以前，花些時間連結上呼吸，正念觀照剛才寫下的，慈悲地如實知悉、確認並整合你在探索中所學到的。

〔常見問題〕

我如何處理人我溝通的恐懼？

我們許多人在傷了感情或覺得沒人看到、沒人懂得的時候，就會害怕不被接納。當你感覺害怕或對自己不確定時，打開心門是需要勇氣的，重要的解決之道是花時間尊重、處理、療癒過去，練習正念，對自己懷有悲心、慈心也很重要。友誼和連結最重要的關鍵也許是能懷著興趣、關懷、情緒共鳴，深刻聆聽。我們許多人都渴望被人聽到，我們可以給人最棒的禮物就是聆聽。

重要人我關係的正念

生活在一個如此容易感覺失聯和防衛的世界裡，詩人、作家，兼老師史蒂芬・拉維問出一些值得探索的問題：「如果你快要死了，只能再打一通電話，你會打給誰？說什麼？那你還在等什麼？」（Jarski 2007, 123）我們為什麼還不與關心的人分享自己的感受？久而久之，我們對自己的問題和憂慮愈來愈專注，我們便愈來愈認為人和人之間是分隔的。1951年，大衛・波恩（David Bohm）寫了《量子理論》（*Quantum Theory*）一書，不但重新定義了我們所認識的物理，而且重新定義了人我關係。他說假使你把一個原子分裂成兩個小單位，將它們送到世界的兩端，甚至宇宙的兩端，若改變了其中一個的旋轉，馬上會改變另外一個的旋轉。從那個時候起，這個理論，這個稱為非定域性（nonlocality）的理論一再為實驗所證實，我們因此更了解我們實際上是互相依存的，那麼我們為何不在影響日常人我關係的行動中加上正念？

在最親近的關係中，我們可能很想製一張資產負債表，記錄下誰花了時間愛我們，誰沒有，你可能會問自己，摯愛的人有沒有給你你所給他們同等的愛？這好似個很公平的問題，但是這其實開始播下憎惡和分隔的種子。如果你以這種方式來看待人我關係，你甚至會用一種被動攻擊（passive aggressive）的方式來測試誰真正愛你，有時候這會創造出你自己的現實黑暗面：當你去找碴，你就在情緒上跟自己遠離，損害感情關係。當你太專注於自己的憂慮和憎恨，你便會根據憂慮和憎惡來反應，即使對方所感到或想到的跟你想像的根本不一樣。

正念是反轉這個情況的關鍵，心理學家詹姆士・卡森（James Carson）和他的同事首先試驗一個很有趣的方法（2006），相愛的伴侶參與了一個稍加改動的正念減壓課程，目的為發展人我的正念技巧。課後的評估指出，這些情侶在感情關係中更能接納、更快樂，也更能夠處理親密關係中無可避免的壓力情況，其中一個明顯原因就是正念會培養同理心，而導向更深的理解和連結，當人們感覺到被人了解、與人連結，反應的風就停息了。你只要在人我關係保持正念，便比較會注意到恐懼的生起，一旦有了這種覺知，你便願意打開心門，而不會用逃避、投降，或反擊來反應。

如果打開心門看似嚇人，要知道不只你一個人如此，許多人出於不同的理由都有這樣的感覺。或許是小時候父母沒跟你調頻到一致，這很痛苦，於是你懼怕一切親近的關係會重蹈同樣的模式，又或許你心碎過太多次，你懼怕又遭受拒絕或拋棄，因此與其再冒險而受傷，你寧可不對伴侶或朋友表達愛，恐懼會讓你得不到你真正想要的人我關係。

探索 ▶ 你為什麼害怕去愛或被愛？

有許多因素我們會進入自動防衛行為，使我們無法愛人或接受他們的愛。也許童年時，父母沒能知悉你的感受，所以你習慣認為它們一點也不重要，也許你受過太多次傷害，害怕再次受傷。想一想你較親近的人我關係，好好探索一下這些關係，到底是什麼使你不能更開放或表達你的感受。

探索時，你可能了解到恐懼之牆擋著通向心靈的道路，願你培養出對自己的慈悲心，而且知道只要決心從事正念修行，你便可以為恐懼創造來來去去的空間，讓愛進來，體驗自由的滋味。

繼續練習以前，花些時間連結上呼吸，正念觀照剛才寫下的，慈悲地知悉、確認並整合你在探索中所學到的。

工作中人我關係的正念

你在本章中所學和所練習的一切，都可以帶到工作場所。我們許多人花了大部分清醒的時間在工作上，這是許多日常互動的地方，眾所周知，工作是壓力很大的，你因此會比較不耐處理難纏的人。三分之二的男女都說工作影響壓力程度甚鉅（American Psychological Association 2004）。僅就企業界來說，和壓力有關的訴訟每年總計三百兆美元（American Institute of Stress 2009），看起來許多人愈來愈受到要求，必須在愈少時間內做愈多的事，他們覺得精疲力竭、無法專注、欠缺生產力、不健康，而且累垮了。

當你陷入繁忙的例行工作中，很容易就進入自動運作模式，甚至渾不自知，有時候專注於生產力和截止期限，便忘掉跟我們共事的人也是人，期望被聆聽、受接納。喬這位三十二歲的軟體工程師就是這樣的例子，他因為跟老闆的關係緊繃，每天上班都有恐懼感，老闆已經習慣不停嘮叨他要送出每日報告，他心不甘情不願地整理，每次被叫進老闆辦公室，他立刻就感覺緊繃和不耐，雖然他假裝在聽，其實她跟他說話時，他都在腦袋裡吹口哨。

終於，這個壓力促使他報名參加正念課程。當他開始練習自己生命中的正念，他看到自己可以將這個方法帶到工作場所中，帶到和老闆的互動和彼此關係中，這個了悟甚至幫助他對更多可能性打開心門，如老闆為何令人不耐，當他想到老闆生命中可能有她自己的失望、失落和創傷，老闆對他就更像一個活生生的人了。他開始好好聆聽她，發現她所說的和她表達的方式傳達了她工作上的壓力，原來她的嘮叨跟他無關，而是關於她自己表現成績的恐懼。於是他做了一件完全不同的事：他告訴老闆，他非常地欽佩她可以承擔這麼大的責任，她謝了他，說她在最近幾個月中簡直快被壓垮了，因為她母親急性癌症進出醫院好幾次。喬注意到自己生起同理心，甚至慈心，所以他默默地祝她健康、快樂、安全。從那一天起，每當他走進老闆辦公室的時候，他注意到自己一點也不緊繃，呼吸也很平穩，同時也注意到自己居然會對老闆微笑，老闆也在互動中顯得比較討人喜歡了。

付諸行動！或不要行動

付諸行動——雖然我們相信人有讀心術，但其實並非如此，挑一個你探索時注意到害怕去愛或被愛的人，然後現在就去跟那個人打交道，或者排定一個日期，親自或用電話或電子郵件，建設性並慈悲地讓他知道你的感受。如果你觀察到恐懼，只要如實知悉它存在，順其自然，並且溫柔地重新促使這件事發生。這可能是一個困難的任務，所以在過程中要對自己仁慈，你做得到！

不要行動——有時候，我們需要分辨跟對方尋求解決之道是否夠技巧，有時候，時機並不適合談，或是總也找不到適合的時機來談，果真如此，重要的是在內心跟自己握手言和。要了解，你甚至不必跟對方談，也可能會解決，這可能發生在你的內心，花些時間觀照去跟對方打交道於人於己是否有好處。

難纏的人我關係的正念

無論你如何努力，有些人就是非常難纏，然而在你撒手不管他們以前，要記得，有些最偉大的心靈導師會告訴你：難纏的人是所有人當中最好的老師。如果這聽起來跟直覺相反，那就想一想：如果你不和自己不安的反應親密些，你永遠不會完全解脫、愛人而且柔軟。難纏的人提供你絕佳的機會來注意自己的反感，並開發更廣闊、更靈活的人我之間的正念。想一想你如何化困難互動為契機，來偵知自己的不安，卻不逃避、不被動攻擊、不自覺像受害者或不展開徹頭徹尾的好鬥反應，你可以和這個人相處時，訓練自己溝通合氣道的技巧。的確，難纏的人把你推到舒適地帶的邊緣，會幫助你擴展技巧——如果不是他們，你絕不會再想踏入那個地帶。要記得，我們之間雖有相異之處，但人類的經驗都有共通之處，我們都想要愛並且被愛。從成見和慣性反應中退一步下來，你就可以看到對方和我一樣都是有創傷、有失落、有失望的人類，不要視與難纏的人互動為苦惱，反而視為培養慈心、練習人我關係正念的機會。這也許不容易，但非常值得。

※計畫並檢視你的練習

到目前為止，你可練習從本書所學到的方法，至少一週五天。同時在一週之後排出一個時間來檢查你的練習，看看進行得如何。

正式練習

○正念呼吸
○行禪
○身體掃描
○坐禪
○正念瑜伽
○正念自我探詢壓力和焦慮
○慈心禪

現在你有九個非正式練習，可整合到日常生活中。

非正式練習

- ○正念聆聽
- ○日常慈心
- ○RAIN
- ○正念慣性
- ○覺察身體的疼痛
- ○STOP
- ○將八個正念心態帶入生活
- ○正念和生活打成一片
- ○正念進食

正式練習紀錄

每次正式練習之後，都填寫以下紀錄。填寫並回顧上週的練習時，想想看這些練習進行得如何，你注意到哪一模式對你最奏效嗎？你如何保持練習不輟？

日期和正式練習	時間	練習當中生起的念頭、感覺和身體覺受，以及你後來感覺如何

非正式練習的觀照

每天應觀照至少一件非正式練習，可以利用你從這些觀照所學得的，使日常的非正式練習更加深入。

練習	是什麼情況？	之前你注意到什麼？	之後你注意到什麼？	你學到什麼？

第十章

正念進食、運動、休息和連結的健康之路

在前面的章節中，你已探索了各種正式和非正式的正念練習，以及它們在你面對壓力、焦慮和痛苦時，如何幫助你培養自在、解脫和平靜。在這一章裡，你會學到正念在身體、心理和情緒上健康地生活是如何重要。人類並非固定不動的動物，我們是有身體需要照顧的機動兩足動物，人類的身體需要適當飲食、運動和休息來維持健康，又因為我們是社會動物，跟他人連結也非常重要。

在生活方式和生理健康上，正念是減少焦慮和壓力的重要層面。只要感覺到壓力和焦慮，你就比較缺乏精力來照顧自己，也許你會用權宜之計來滿足立即的需要，像是不健康的食物、不良的飲食習慣、不運動、睡眠不足，或不花時間和他人連結，雖然這些策略在短程上可以幫助你應付情況，卻都對健康有不良影響，而且長程來說，還增加了你的壓力和焦慮。

重新檢視正念進食

我們依靠食物生存，只有氧氣和水比食物重要。既然準備食物和吃下食物是生命中很重要的部分，為什麼不將正念帶進來呢？買菜、做菜的過程是一個絕佳的正念專注，好好攝入各種食物的顏色、質地、香味，注意烹調過程中不同時間點的味道和質地，感覺你手上拿著鏟子，聽著爐子上鍋子裡的嘶嘶聲，注意毫無共通之處的食物如何轉化並融合成一道菜。你甚至可將慈心注入這個過程，刻意懷著愛心來準備食物，也願所有吃到這些食物的人都充滿做菜時所注入的健康、幸福和愛。有人相信廚師的能量會轉換到食物中，無論是否真

是如此，你就這樣來看待事物，又有何不好？即使沒有其他的好處，你的正念也會成長。

如果你像大多數人，吃飯的時候常心不在焉，也許在專心看電視、用電腦、閱讀、對話、回憶或念頭，或者計畫未來，你可能根本沒有注意到你放在口中的食物，結果，你失去了欣賞食物的機會，而且常常會吃得過量，失念或匆匆地進食，也會引起生理問題，許多胃弱的人都學到，如果咀嚼更久更慢，胃部的不適感便不致那麼強烈，那麼頻繁。

聆聽你的身體，注意你是不是真的餓了，如果你真餓了，正念你所選擇的食物，全心臨在當下而後咀嚼、嘗味、吞嚥、知道吃夠了或該是擱下碗筷的時候了，同時要覺知你是否並非因為飢餓而吃。如果你因為情緒而吃，就對情緒做正念自我探詢，而不是寬慰情緒或麻痺自己，如果你為了迅速解決某個問題而吃喝——為了增強精力或改善情緒狀態，那麼請你也考慮正念自我探詢，就會了解怎樣的情況和感受會加強不健康的習慣。如果你需要能量，也許根本就該去休息。

從更基礎面來看，身體不斷的重新自建，食物為這個過程提供燃料和原料，如這樣看待情況，以下這句智慧的老話便很有道理了：「人如其食。」——你要去吃垃圾食物或速食的時候，好好想一下。如果你提供的原料充滿人工添加物和空卡路里，身體便無法自建得很好。有許多理論談到如何才是好的飲食，值得研究一下，並考慮我們所吃的食物對健康的影響，更進一步說，人人皆不同。一九五六年，生物化學家羅傑・威廉斯（Roger Williams）寫過一本富開拓性的書，名為《生物化學的個體性》（*Biochemical Individuality*），他認為我們在基因遺傳和生物化學上，都是獨一無二，因而我們在骨骼構造、新陳代謝和營養需要上也不一樣，正念可助你決定什麼飲食對你最有益。你繼續練習正念時，覺知你吃的食物如何影響你：吃完以後覺得比較舒服，還是比較不舒服？你會產生更多精力，還是精力更少？這精力會維持一陣，還是一下就消失了？有些食物使你產生不舒適的症狀嗎？某些食物也許使你產生心跳加快、頭昏、頭痛等腸胃道之外的症狀。

非正式練習

重新檢視正念進食

在第一章裡，我們介紹了正念進食一粒葡萄乾的練習。在那練習中，你注意到有關食物的感官經驗的整個範圍——不只是滋味，還有模樣、質地，甚至聲音。現在我們將覺知和感謝延伸到將食物帶到我們餐桌上的所有人和所有過程。吃下第一口之前，想想農人、貨車司機、食品店工作的人。如果食物不是你自己烹煮的，那就感謝花了時間和愛心為你準備這份食物的人。你還可以進一步感謝太陽、泥土、水、空氣，這些都交織在食物的本質中，也提供食物和你的生命的基礎。進食之前，這般觀照食物，真是恩典。我們建議你吃第一口時，花些時間來跟隨一行禪師鼓勵我們從事的觀照：

- 願受此食，這是地球、天空、所有眾生辛勤工作，使我得以滋養身心的禮物。
- 願受此食，願我帶著正念和感謝，讓自己配得上接受這份食物。
- 願受此食，願我認出並轉化不健康的慣性行為，尤其是我的貪心，學著用虛心來進食。
- 願受此食，願我以減少眾生的痛苦、保育地球、反轉全球暖化的過程，來保持不斷的慈悲心。

● 願受此食，願我滋養力量，以服務他人。

若你覺得可以了，便將第一口食物移近口，張開嘴，將食物放入口中，仔細注意一下，下一步會發生什麼。食物在口中感覺如何？生起了念頭、批判或故事情節嗎？如果有，只要溫柔地知悉，然後在咀嚼一步步展開之際，重新注意直接的身體覺受，注意味道是甜、酸、粗、苦，還是別的？質地是滑的、鬆脆、顆粒狀，還是有嚼勁？這些味道在繼續咀嚼時會改變嗎？注意第一口終會消逝，吞嚥如何發生，只要知悉當下發生了什麼，然後順其自然。

想想看亨利的真實故事有多滑稽吧！亨利向來都抓起一把葡萄乾，一股腦全部倒進口中，他這一生都這樣吃東西。他練習正念進食一粒葡萄乾之後，注意到葡萄乾上不同的區域有不同的曲線和光澤，耳畔還有擠壓的聲音，他也注意到葡萄乾有一種氣味，這一切都非常有趣，但當他把葡萄乾放入口中，開始咀嚼時，意想不到的事發生了：他發現他並不喜歡葡萄乾的味道！儘管他很多年都是大把大把的將葡萄乾倒進口中，但大部分都是他鬱鬱寡歡的時候，正念進食使亨利有了洞察力，原來他從沒注意過葡萄乾的味道。最後，亨利笑自己的新發現：他其實根本不喜歡葡萄乾。

每一個人都會如此。讓人驚訝的是，我們對所吃進去的食物多麼缺乏覺知！正念我們所吃的食物，你便可以選擇我們樂在其中而且有益健康的食物，並且知道你把自己照顧得很好。

探索▼了解因情緒而吃

你幼小的時候，病了或不開心時，人們會為了哄你而給你食物，你對媽咪或爹地端來你最喜歡吃的食物或點心充滿記憶。你現在長大了，當生起強烈的情緒，諸如憤怒、悲傷、焦慮或困惑，你可能會到食物中找尋慰藉，觀照你的情緒如何與飲食模式互動，你有沒有在找尋慰藉時，去找某種特定食物？當你感覺憤怒、悲傷、焦慮或困惑時，是否分別去找不同的食物？寫下情緒和飲食模式的關聯，也寫下你在某種特定情況或互動下，是否特別想吃東西？

只要觀照食物如何影響你何時吃和吃什麼，你就更能當下覺知不安的情緒觸發失念或無益健康的進食。在那個時刻，你可以選擇你的回應——正如維克多・法蘭克說的，在回應中，有你的成長和解脫。

繼續練習以前，慈悲地如實知悉、確認並整合你在探索中所學到的。

正念於運動

人類是動態的有機體，生來就要動。要把運動也包括在處理壓力和焦慮的方法之內，尊重生命中的這一個層面。事實上，身體運動是最好的壓力緩解劑，減少身體製造的壓力荷爾蒙，增加感覺良好的內啡肽這種神經傳導物質。除非你過分運動，我們大部分人練身之後都會感覺更好。如果你可以在動中得到樂趣，又有益健康，不是很棒嗎？黃金規律是每天都要動，激烈到流汗。一般對正念有個誤解，就是永遠都把事情做得很緩慢，其實正念只是覺知，你可以走得很慢，也可以衝得很快，只要有覺知即可。

前面提過，瑜伽字面上就是「上軛」或「心身一致」，只要正念於身體活動，必然會增進這種利益。人說集健美運動員、電影明星、政治從業者於一身的阿諾・史瓦辛格，保持「單一、正念地重複一種運動——當他全神貫注練習某一部分肌肉——的結果，當然比後來當加州州長時每做二十次就會分心好。」（Moore and Stevens 2004, 34）你並不需要把胸肌練成跟阿諾一樣大，或立志跟他一樣，就可以發現，在你所從事的一切活動中秉持正念，會獲得很大的利益，你還會注意到身體的智慧對你說了什麼，不致於運動過頭或運動不足。

將正念帶到任何運動或動作上，正如正念行禪或正念瑜伽一樣，你會發現，只要全心臨在身體動作，你便更能欣賞自己。

非正式練習 正念於運動

在日常生活中，有許多方法覺知身體的動作，你可以伸展、跑步、瑜伽、氣功、太極、游泳、浮潛、滑水、潛水、滑冰、滑翔、騎自行車、划船、滑雪、羽毛球、袋棍球、體操、滑雪板、獨木舟、皮拉提斯、英式足球、美式足球、乒乓球，網球、冰上曲棍球、遠足，或在體育館或家中練身，有上千種動的方式來維持健康。我們希望你在整週中，選個動作或運動來練習。千萬不要輕忽行走，走路很簡單、有效，卻不需要特別的器材或費用，還加上任何時間、任何地點都可練習。

探索 處理抗拒運動的心理

你動起來很困難嗎？你甚至下了決心要多做運動，還是抗拒運動嗎？橫在你前面的障礙是什麼？觀照什麼讓你不想動，花些時間探索在身體、念頭和情緒上生起的一切現象。反過來說，你是否在某些時間或某些情況下，比較想運動？要不然，你能否想出些策略，使自己活躍起來呢？也許你和朋友一起運動，比較享受運動的樂趣？要不，你可將運動和另外一項你已在做的活動連在一起，也許比較容易動起來。

要處理運動問題，有時候可以問自己，到底你認為自己可以做多少運動。心裡想到多少，就做少一點，這策略背後的深意，是讓內心真正相信自己做得到，減少抗拒。

繼續練習以前，慈悲地如實知悉、確認並整合你在探索中所學到的。

休息是一份禮物

自然教我們平衡，每一白天都帶來光明，每一晚上都帶來黑暗，各有各的功能來支援這個世界，如果只有陽光或只有黑暗，生命便不會繁衍，〈傳道書（Ecclesiastes）第三章

第五篇〉的智慧：「凡事都有定期、天下萬物都有定時。」很可以用在這裡。找時間運動很重要，找時間安靜下來也一樣重要。

最好不時問問自己，是否做過頭了？禪修新手說他們常常在禪修時睡著，有時候可能是逃避，但大部分情況都是疲勞，當你不聽從身體的需要，很容易便與作息的自然循環失聯。你可以望著禪墊，想你該坐在上面禪修，但內心深處有個智慧的聲音說：「把頭放在墊上睡一會兒，豈不更美？」願你聽從內心深處的聲音，若有需要，就休息一下，也許在小憩之後，你更適於禪修。

非正式練習 休息是一份禮物

你每天的行程或行事曆，不應只用來計畫活動，也應提醒自己不作為。為什麼不排定一個「不作為」的時間，像跟訂個醫生的診約一樣？有時候什麼也不做，什麼地方也不去，也不向其他人開放，是非常有療癒效果的。不作為有許多形式：你可以小憩、早些上床或晚些起床、坐在椅子上、遠眺窗外、安靜下來，或翹起腳躺著。盡量關上電視、收音機、電腦、音響、無數的電子玩意兒，只是享受獨自和不作為的滋味。如果你想和大自然有更多的連繫，那就計劃一下，花一個下午在室外，在海邊、湖邊、河邊、沙漠、山中、森林或其他安靜的自然環境，注意你在這些環境中有什麼身心現象。如果你有孩子，看看能否找個褓姆，你與伴侶兩人一起不作為，你可能會驚訝，就算你休息一下，天也不會塌下來！

探索▼

處理不願休息的心理

你是否覺得停下作為、花些時間放鬆很困難？既使你下決心要花更多時間來放鬆，你還是放不鬆？觀照這些不讓你放鬆的障礙，花些時間來探索在身體、念頭和情緒上所出現的一切。反過來說，有沒有一些時間和情況比較容易放鬆，你能否想出些策略，使自己易於時常放鬆？也許你需要問問別人的意見或多做些家務，也許你需要鼓勵他人放鬆，你就可以更心安理得地放鬆。

我們的文化告訴我們不計一切代價，要活躍而且有生產力，「不作為」看起來則是逆向操作，這樣的話，不妨把「不作為」想成一個對心理健康重要而且有生產力的活動，有時候，這樣花一點點時間來放鬆，也許正是你身心所需要的。

繼續練習以前，慈悲地如實知悉、確認並整合你在探索中所學到的。

連結：我們不是孤島

雖然我們獨自來到這個世界，也獨自離開，但我們絕大多數人仍是社會動物，需要彼此才能生存下去。只要看看我們所創造的世界，充滿了無數的道路和傳播器材來連繫彼此，無數的團體努力，從農業到教育到科學到技術，不一而足，人類仰賴彼此的支援和互動，來彼此學習、成長和分享。雖然宇宙非常遼闊，無邊無際，至少現在看起來我們彼此和地球上的人類是我們唯一擁有的伴侶。

身心健康有一個最深而且最令人滿足的特質，就是愛人和被愛。事實上，日益增加的研究指出，愛和連結對身體健康非常重要。開發出逆轉心臟病的革命性方法的心臟學家狄恩・歐寧胥（Dean Ornish）博士寫了一本書，說明愛的聯結有多重要，書名是《愛與生存》（*Love and Survival*, 1999）〔譯註〕，在這本先驅性的著作中，他引用無數的研究顯示被愛、給予愛、和他人連結可以增進身心健康，甚至壽命延長，並增進對疾病的抵抗力。

譯註　中譯本全名為《愛與生存：愛與親密關係的治療力量》（*Love and Survival: The Scientific Basis for the Healing Power of Intimacy*），天下出版，2000年。

其中有一個有趣的研究，老人療養院中有寵物或植物照顧的老人，比沒有東西可以照顧的活得長一些，其他的研究也揭露了有良好人際關係，和覺得生命有目的人活得久一些，當然最重要的，是活得更快樂些，同樣的，貢獻社區或連結上靈性修持的人也比較快樂。

只要追尋正念和禪修的內心旅程，你便會鍛造出和自己更強的連繫，用更多的理解和慈悲心來看待自己，更能連繫上自己的目標和熱情，使生命有意義的價值。若要更深刻、更真實地連結他人，連結自己是很重要的起始點，也是強有力的基礎。

要了解，「連結」可以超越了我們和人類的關係之外，這便是你在第八章所學到的慈心禪這份禮物，慈心禪培養廣闊的覺知和跟一切眾生——的確，宇宙的一切——連結，然而這項禪修必須從你開始——用你的心，用你在世界上的位置開始。我們在世界上都有一席之地，我們能樂在其中就太好了，不需要成名或做出這個世界稱為偉大的事。若是對成就和認可懷有野心，渴望就永無止境，最後只會餵養我們的驕傲和欺騙，導致極大的痛苦。若要找到你的人生目的，並找到平靜的方法，便要深深看入自己的心，就像尼尼微的聖人以撒（Saint Issac of Nineveh）溫柔地要求我們：「與自己的靈魂和平相處，天堂和人世就會與你和平相處，熱情地進入你內心的寶庫，你會看到天堂中的事物，因為通向這兩者的，只有一個進口，通向天國的天梯藏在你的靈魂之中……深入發掘自己，你會找到靈魂中向上攀升的梯子。」（Oman 2000, 251）

非正式練習　正念連結

人是社會動物。若跟他人和廣大世界——沒錯，就是這個宇宙——的關係融洽，生命就得到滋養。只要連結更為深刻，你便會在付出和接受的互動中發現喜悅，甚至會很奇妙地分不太清楚是誰在給予，誰在接受。

培養連結有很多方法，誠懇地問家人、朋友或任何人最近好不好，深入聆聽對方所說，因為每個人都希望被聽到、被了解——「感到被感覺到」；也可練習對任何人的隨機慈心，包含對陌生人；你可以自願去幫助一個孩子、一個老人、任何需要幫助的人；你更可以貢獻時間、精力給一個使世界更美好的機構，或者只是享受寵物、開墾花園或撿拾垃圾，感覺到和世界、和眾生連結的甜美之處，卻不需要或期待從中得到任何回報。

付諸行動！

你和周遭的人多有連結？你花了最多時間相處的人是否支持你？在心裡列一張清單，或寫下這些支持你的人，找方法來增加彼此的連結，你可以打個電話訂個見面時間，或光是談談心，你也可以寫封信或電郵給摯愛的人，你可以要求朋友或家人和你一起散個步，你可以找出時間和孩子一起玩，蹓狗，或寵寵貓咪，現在就付諸行動吧，或者在行事曆上訂個日子，然後付諸行動！

探索 ▶ 處理人際連結的抗拒心理

即使你渴望連結，有時候還是會覺得被壓抑或抗拒，什麼使你從對自己、他人和世界的連結縮回來？你想去連結時，你注意到有恐懼嗎？你注意到自己想找個跟他人和周遭世界孤立起來的藉口嗎？花些時間來探索身體、念頭和情緒上所生起的一切現象。反過來，也想想你為人際連結或加深這份連結已經下的功夫，你能否繼續在這些連結的基礎上增進？你感受到連結時，身心是否覺得不一樣？

我們知道，心理健康的一個重要面向，就是跟自己和他人培養健康的人際關係，然而，有時候我們自己的牆壁和路障會擋住這些人際連結，願你知道，連花些時間來探索和他人的連結過程，都是給自己的禮物。

繼續練習以前，慈悲地如實知悉、確認並整合你在探索中所學到的。

〔常見問題〕

我若要過更好的生活，除了禪修、健康飲食習慣、運動、休息和人際連結之外，還有什麼需要培養？

有時候你會被一種傾向所逼，想著你需要做得更多，才能到達更好的境地——就是說你無論做什麼，都做得不夠。心會慣性地刻意努力做得愈來愈多，這很常見，而且可能會變成苦惱的來源，然而，就在你注意到這慣性的時刻，你便臨在當下了，而且可以決定重新提起正念。試著保持不刻意努力的心態，僅僅是從事你現在所做的練習，使生活更加美好。佛陀說，從自己的直接經驗看到什麼是真實的，什麼不是，如果你已過著健康的生活方式，你會知道，如果沒有，你也會知道。要信任自己直接經驗的智慧。

你的壓力有多大？

恭喜你已經練習到第十章了！你在本書的旅程中，已運用各種正式或非正式練習來培養正念的生活，花些時間謝謝你給自己這個時間。你開始閱讀本書時，在引言末尾的第43頁列出了主要的壓力來源，並依引起壓力的嚴重性來評等，本書一半之處，你重新檢視、修正這壓力來源的清單，進入計畫如何持續正念修行的第十一章以前，花些時間重新檢視你那時所寫下的壓力來源，評估你現在處理得如何了。

把這項評估也當做正念的過程，進入評分以前，花些時間呼吸，並檢查身體，然後花些時間想想看每一種壓力來源，看看你現在感覺不同，還是相同？如果有新的壓力來源生起，也將它們列上清單，給個評分。

※計畫並檢視你的練習

到目前為止，你可練習從本書所學到的方法，至少一週五天。同時在一週之後排出一個時間來檢查你的練習，看看進行得如何。

正式練習

○正念呼吸
○行禪
○身體掃描
○坐禪
○正念瑜伽

〇正念自我探詢壓力和焦慮

〇慈心禪

現在你有九個非正式練習，可整合到日常生活中。

非正式練習

〇正念聆聽

〇日常慈心

〇RAIN

〇正念慣性

〇覺察身體的疼痛

〇STOP

〇將八個正念心態帶入生活

〇正念和生活打成一片

〇正念進食

正式練習紀錄

每次正式練習之後，都填寫以下紀錄。填寫並回顧上週的練習時，想想看這些練習進行得如何，你注意到哪一模式對你最奏效嗎？你如何保持練習不輟？

日期和正式練習	時間	練習當中生起的念頭、感覺和身體覺受，以及你後來感覺如何

非正式練習的觀照

每天應觀照至少一件非正式練習，可以利用你從這些觀照所學得的，使日常的非正式練習更加深入。

練習	是什麼情況？	之前你注意到什麼？	之後你注意到什麼？	你學到什麼？

第十一章

保持練習不輟

恭喜你即將讀完本書了，雖然看似結束，其實是邁向新生活方式的一步。正念從密切注意此時此地的體驗展開，這是一個逐步揭露的過程，只不過是一個剎那接著一個剎那，一個呼吸接著一個呼吸地體驗生命。

在本書中，您已學到各種正式和非正式的正念練習，以及如何將正念和一切日常活動打成一片。只要繼續練習，你便會培養出更深的洞察力和慈悲心，能夠更主動而有效地管理身心健康。在這個過程中，在日常生活中全神貫注當下非常重要，你愈快認識到壓力情況並抱持正念，就愈快從一般性的反應和心靈陷阱中抽身，於是你會打開大門，迎接新的可能性和各種回應技巧，培養這種覺知最好的方法就是盡可能持續練習正式和非正式的正念。要記得，正念沒有做不到的，就在你知道自己並不全心臨在當下的那一刻，你便重新臨在了，就這麼簡單。

我們已經提過，對這些練習方法加以組織並排定行事曆，你較易持續練習下去，並在正念中成長。在此提出一些建議，助你保持正式和非正式的練習。

- **第一個月**。在下幾頁中，我們會幫助你在下個月探索並計畫練習，你可選擇任何正式和非正式的練習來專注，排定練習和檢視的時間，就像你前面用本書練習一樣。
- **第一個月以後**。第一個月以後，請隨意輪流練習，任何一天都可選擇你最想練習的方法。
- **溫習練習手冊**。當你覺得可以了，用初心重新閱讀本書一遍，你很可能會發現練習方法的新面向，或重新理解某些材料。重新閱讀本書可以加強練習的決心。

- **社群**。連繫上同樣心態的支援社群非常重要，我們在書末「正念減壓課程相關資訊」中會告訴你如何找到正念禪修團體，請同時考慮加入專門討論本手冊內容的線上正念社群，網址為www.mbsrworkbook.com。

探索 創造自己的正式方式

正念是個人旅程，你可能對某一些練習方法比較有共鳴，閱讀以下你在本書學到的正式練習的清單，然後探索並比較你的體驗，你也許會想再重讀以前正式練習的筆記，來幫你決定最想加強哪一項練習。

正式練習

- 正念吃一粒葡萄乾
- 正念檢查
- 正念呼吸
- 身體掃描
- 坐禪
- 正念躺式瑜伽

- 正念自我探詢壓力和憂慮
- 正念立式瑜伽
- 慈心禪

正念雖然看起來很簡單，到目前為止你應已理解這是一個需要努力和紀律的修行。我們很容易就陷入舊日的車轍，回到自動運作模式。你繼續練習時，若發現自己讓時間空過卻沒有練習，願你對自己懷有慈悲，要記得，就在那個時刻，你又重新臨在當下了。邀請自己去重溫那些練習吧！

設定正式練習

下個月，每週都選兩到三個練習，排在行事曆上，加強你最喜歡或最容易做的練習是可以的，但偶而也要做一做比較困難的練習，來加深、加廣這個過程，同時也排定每週的檢討，這樣讓你更能持續練習，也會提供回饋，助你決定哪種練習方法比較奏效，哪樣的節奏最能減少憂慮和壓力，並建立慈悲心。繼續閱讀之前，現在就先排定下週的練習。

探索 創造你自己的非正式方式

和正式練習一樣，這也是一個個人的旅程，你可能會比較欣賞其中某些非正式練習，讀一遍你在本書中所學到的非正式練習的清單，然後探索並比較你的體驗，你也可以再讀一遍你所有非正式練習的檢視，來決定要加強哪一項練習。

非正式練習

- 正念進食
- 正念與生活打成一片
- 將八個正念心態帶入生活
- STOP

- 覺察身體的疼痛
- 正念慣性
- RAIN
- 日常生活的慈心
- 正念聆聽
- 重新檢視正念進食
- 正念運動
- 休息是一份禮物
- 正念人際連結

你周遭到處都是練習正念的機會。只要將正念整合到日常生活中，你就會打破例行反應，找到通往奇妙之路，這真正可以將看似平凡的一切轉變成非凡，就如已故的理察·卡爾森在著作《別為小事抓狂》（*Don't Sweat the Small Stuff –And It's All Small Stuff*, 1997）〔譯註〕裡說，你自然會在好時光中心存感謝，在困難時光中更形優雅。願你繼續提醒自己要將正念融入生活各個面向中。

繼續非正式練習

繼續將本書中的非正式練習和日常生活打成一片，加強你最有共鳴或得到最多好處的，將這些做為基礎，來創造你自己的非正式練習。同時，要知道你可以將非正式練習帶入日常生活，既然我們其實只能活在當下，為什麼不盡可能置身當下呢？首先將你的感官調頻到當下，同時知道生起的念頭和情緒。在此舉一些例子來說明：

- 洗澡時，注意水溫，肥皂和泡沫的感覺，知道環繞四周的氣味和聲音，像是泡泡爆裂或水沖刷的聲音，你看到什麼顏色、形狀和質地？有沒有生起任何念頭、回憶或情緒？如果有，只要如實知悉，順其自然，並且溫柔地把自己帶回洗澡的當下。
- 你若在聆聽音樂，聆聽並且感覺聲音生起、滅去和轉變的節奏，同時注意和音樂有關的身體覺受、念頭或情緒。

- 你若和朋友在一起，刻意地決定正念聆聽，如果心不免渙散，只要知悉它，順其自然，然後溫柔地把心帶回深入聆聽的狀態。

要知道某些活動也很能減輕壓力，顯著的例子包括運動、泡溫水澡、大笑、寫筆記、瑜伽、散步、做園藝，要全列出來恐怕會很長，其實也是非常個人化的。譬如，有人覺得高爾夫球非常放鬆，但對有些人則完全不起作用，有些人覺得音樂很放鬆，有些人卻覺得會攪亂思考。我們建議在決定哪些活動可以減少並管理壓力，於是加強這些活動之際，也該應用正念。接著，你將正念帶入這些活動，利益可能會加倍。你可能已經猜到了，我們也建議你持續正念觀照非正式練習，這會增加練習的好處。若想精益求精，不妨把以下的活動想成練習正念的好機會。

□泡洗澡缸
□聆聽他人說話
□蒐集東西（郵票、貝殼等等）
□閱讀
□分類舊物，做資源回收或捐贈
□做手工藝（陶器、木工等等）
□慢跑或散步
□花一個晚上和好朋友在一起
□聆聽音樂
□計畫一天的活動
□大笑
□去健身房或做有氧運動

譯註　中譯本全名為《別為小事抓狂：得意人生100招》，時報文化出版，1997年。

□烹飪、烘焙或準備食物
□修理房子
□修理汽車或自行車
□注意他人的愛語和愛行
□穿脫衣服
□注意一大早和晚間的寧靜
□照顧植物或花園
□游泳
□信手塗鴨
□參與團體運動
□放風箏
□早上喝咖啡或早茶，並且讀報
□編織、縫紉、好做被子
□打撞球
□打扮打扮
□去博物管或畫廊
□填縱橫字謎
□上網
□注視蠟燭或火光

□聽收音機
□出去吃飯或喝咖啡
□收到或送出訊息
□對別人說我愛你
□滑雪
□划獨木舟或激流泛舟
□打保齡球
□跳舞
□注視魚缸中的魚
□騎馬
□攀岩
□做你從來沒做過的事
□玩七巧板拼圖
□逗寵物玩
□重新調整家具
□逛街
□去洗手間
□淋浴
□清理房子

□折疊洗淨衣物
□和好朋友或家人討論
□騎機車
□親密行為
□獨自唱歌或跟別人一起唱
□插花
□去海灘
□注意正面的念頭
□滑冰、溜滑輪或溜冰刀
□駕帆船
□素描、畫畫或其他藝術活動
□刺繡或十字繡
□躺下來睡午覺或休息
□開車
□賞鳥
□打情罵俏
□演奏樂器
□送別人禮物
□遠足或快走

□寫作
□工作
□觀光
□園藝
□上美容院
□打網球或板球
□接吻
□注視孩子或寵物玩耍
□去看戲或音樂會
□做白日夢
□聆聽音樂
□重新磨光家俱
□列出待做任務清單
□騎自行車
□徜徉大自然中
□吃健康食物
□吃甜蜜、美味，但不該吃的食物
□攝影
□釣魚

- □想一想愉快的事件
- □幻想
- □獨自一人
- □寫筆記
- □寫信或電子郵件
- □去野餐
- □跟朋友一道午餐
- □玩牌或其他遊戲
- □欣賞或展示照片或幻燈片
- □洗碗

〔常見問題〕

我的修行退步了，我怎樣才能重新燃起對禪修的決心？

要保持練習不輟，重要的是在例行練習之後，你感覺好了多少。除此之外，也要對自我慈悲，而且要記得，你一旦知道自己沒有臨在當下，你就臨在了，修行也就開始了。去觀照生命的寶貴和危脆，問自己還在等什麼，也很有用。你現在過著你想過的生活嗎？這種心態美妙地濃縮在佛陀時代的巴利語的有力字詞「逼迫悚懼感」（samvega）中，表示你知道死亡隨時會來臨，你就立即了解修行的重要了。現在就花些時間問問自己，對你最重要的是什麼？如果你希望體驗更多的解脫和平靜，例行的正念練習就是打開大門的鑰匙。

深化正念練習

我們鼓勵你不時參加正念禪修的閉關，可能從一天到一個週末，到一週、一個月，甚至更久。雖然每天正念練習是關鍵，但禪修閉關是一個很好的互補，可深化修行。（譯按：在美國）有兩個非常好的禪修中心一年到頭都舉辦禪修：加利福尼亞州木畝的靈岩和麻塞諸塞州巴里的內觀禪社，請到書末查看這些機構的聯絡方法。

結語

在日常正念中，你可以較快發現壓力，然後較快回到平衡。如果這一天困難重重，甚至一分鐘的正念都可以使你更寧靜，同時要知道，如果你的心常常跑到未來或過去，你會錯失許多日常生活中的美妙時刻。要記得，主要的關鍵是要待在此時此地，因為這是生命活著的時與地。

我們希望你能夠開展平衡感，創造出自己的正念練習，要記得維克多・法蘭克的話：「在刺激和反應之間，有一個空間，在那個空間中，就是我們選擇如何回應的力量，回應中，有成長和解脫。」

願你記得練習對自己、眾生和宇宙的慈悲

願一切眾生安詳自在。

後記

在壓力和回應之間，創造成長和解脫的空間

薩基・桑托瑞利教育博士

地球上每秒中有一・八人死亡，每分鐘有一百零八人死亡，每天有十五萬人死亡，每年有五千五百萬人死亡。無論多少的正念或減壓，也不會讓你我免於加入這不可避免的事實，但花些時間安住在這些發人深省的數字中，事實便出來了：今天、現在、當下，你我是活生生的！這是件了不起的大事！但我們常視為理所當然或根本就渾然忘卻。

《減壓，從一粒葡萄乾開始：正念減壓療法練習手冊》是一個提醒，鮑伯・史鐸和依立夏・高斯坦一遍又一遍要我們記得自己是活著的基本事實，他們邀請我們來看來聽、來觸來嚐、來嗅來想我們活著這個生命的每一剎那——瑪麗・奧利佛要我們記得的「狂野而珍貴人生」，德雷克・沃爾科特提醒我們「盡情享用」這唯一的生命的「盛宴」，生命在它一元整體和多元複雜中不斷一起努力提醒我們擁有基本的醒覺和人類天生的智能。

本書提醒我們這些事情，是我們的造化，更由於它根源於經驗，提供方法，其中的力量和潛力，遠遠超越了讀完本書的最後一頁。在練習本書時，你已經發現覺知功夫是沒完沒了的，筆者希望你已經被正念探險迷住而且不能不去著手練習了，這本練習手冊是合算的旅行良伴，我們可以花很多時間探索並整合其中的教誨，因為它提供我們已經研究透徹的方法來學到我們自己、我們周遭分享我們生命的人、世界上光明和黑暗的奇妙和美麗，更活生生地活著。

這本書像一個廣泛的接納場，當我們學習更仁慈地專注於我們的反應習慣和身心的制約狀態之際，給予我們許多空間來漫步。這樣的開放性鼓勵我們看清楚生活中的困難，誠實並表現能力來做更有技巧回應，鮑伯和依立夏既廣闊又精確，他們信任我們的深度和廣度，他們鼓勵我們自己來發現維克多・法蘭克的洞察力：

在壓力和回應之間有一個空間，
在這個空間中，就是我們選擇如何回應的力量。
回應中，有成長和解脫。

本書用千種道路指向那空間，而我們的工作此刻就擺在我們面前了。

薩基・桑托瑞利教育博士
（麻薩諸塞州・渥塞斯特，麻薩諸塞大學醫學院副教授、減壓診所主任；「在醫藥、醫療照顧與社會中之正念中心」執行長）

附錄

正念減壓療法練習引導MP3、CD目錄

01 -	葡萄乾練習 (5分鐘)	練習引導：李燕蕙
02 -	正念覺察 (3分鐘)	練習引導：李燕蕙
03 -	正念呼吸 (5分鐘)	練習引導：李燕蕙
04 -	正念呼吸 (15分鐘)	練習引導：李燕蕙
05 -	行禪練習 (10分鐘)	練習引導：李燕蕙
06 -	身體掃描 (15分鐘)	練習引導：李燕蕙
07 -	身體掃描 (30分鐘)	練習引導：李燕蕙
08 -	身體掃描 (45分鐘)	練習引導：李燕蕙
09 -	靜坐禪修 (15分鐘)	練習引導：陳德中
10 -	靜坐禪修 (30分鐘)	練習引導：陳德中
11 -	靜坐禪修 (45分鐘)	練習引導：陳德中
12 -	正念瑜伽指導 (1.5分鐘)	練習引導：陳德中
13 -	正念臥式瑜伽 (15分鐘)	練習引導：陳德中
14 -	正念臥式瑜伽 (30分鐘)	練習引導：陳德中
15 -	正念臥式瑜伽 (45分鐘)	練習引導：陳德中
16 -	關於壓力與焦慮的正念禪修 (30分鐘)	練習引導：陳德中
17 -	正念立式瑜伽 (15分鐘)	練習引導：陳德中
18 -	正念立式瑜伽 (30分鐘)	練習引導：陳德中
19 -	正念立式瑜伽 (45分鐘)	練習引導：陳德中
20 -	慈心禪修 (15分鐘)	練習引導：陳德中
21 -	慈心禪修 (30分鐘)	練習引導：陳德中
22 -	慈心禪修與無常觀 (45分鐘)	練習引導：陳德中

參考資料

Ainsworth, M. D. S., M. C. Blehar, E. Waters, and S. Wall. 1978. *Patterns of Attachment: A Psychological Study of the Strange Situation*. Hillsdale, NJ: Erlbaum.

American Institute of Stress. 2009. Job stress. www.stress.org/job.htm. Accessed June 16, 2009.

American Psychological Association. 2004. The American Psychological Association recognizes ten companies' commitment to employee health and well-being. Press release, October 13. www.apa.org/releases/healthy.html. Accessed July 18, 2009.

Augustine. 2002. *The Confessions of St. Augustine*, trans. by A. C. Outler. Mineola, NY: Dover Publications.

Bastian, E. W., and T. L. Staley. 2009. *Living Fully, Dying Well: Reflecting on Death to Find Your Life's Meaning*. Boulder, CO: Sounds True.

Baxter, L. R., J. M. Schwartz, K. S. Bergman, M. P. Szuba, B. H. Guze, J. C. Mazziota, et al. 1992. Caudate glucose metabolic rate changes with both drug and behavior therapy for obsessive-compulsive disorder. *Archives of General Psychiatry* 49(9):681-689.

Benson, H. 1976. *The Relaxation Response*. New York: Harper.

Bohm, D. 1951. *Quantum Theory*. New York: Prentice Hall.

Bowlby, J. 1969. *Attachment and Loss*. Vol. 1, *Attachment*. New York: Basic Books and Hogarth Press.

Brefczynski-Lewis, J. A., A. Lutz, H. S. Schaefer, D. B. Levinson, and R. J. Davidson. 2007. Neural correlates of attentional expertise in long-term meditation practitioners. *Proceedings of the National Academy of Sciences* 104(27):11483-11488.

Brown, K., and R. Ryan. 2003. The benefits of being present: Mindfulness and its role in psychological well-being. *Journal of Personality and Social Psychology* 84(4):822-848.

Carlson, L., M. Speca, P. Faris, and K. Patel. 2007. One year pre-post intervention follow-up of psychological, immune, endocrine and blood pressure outcomes of mindfulness-based stress reduction (MBSR) in breast and prostate cancer outpatients. *Brain, Behavior, and Immunity* 21(8):1038-1049.

Carlson, R. 1997. *Don't Sweat the Small Stuff—And It's All Small Stuff*. New York: Hyperion.

Carson, J. W., K. M. Carson, K. M. Gil, and D. H. Baucom. 2006. Mindfulness-based relationship enhancement (MBRE) in couples. In *Mindfulness-Based Treatment Approaches*, edited by R. A. Baer. Burlington, MA: Academic Press.

Davidson, R. J., J. Kabat-Zinn, J. Schumacher, M. Rosenkranz, D. Muller, S. F. Santorelli, F. Urbanowski, A. Harrington, K. Bonus, and J. F. Sheridan. 2003. Alterations in brain and immune function produced by mindfulness meditation. *Psychosomatic Medicine* 65(4):564-570.

Deer Park Monastery. 2009. Eating meditation. www.deerparkmonastery.org/mindfulness-practice/eating-meditation. Accessed July 18, 2009.

Einstein, A. 1972. Letter quoted in the *New York Post*. November 28, p. 12.

Fisher, N. 2002. *Opening to You: Zen-Inspired Translations of the Psalms*. New York: Viking Compass.

Goldstein, J. 2003. *One Dharma: The Emerging Western Buddhism*. San Francisco: Harper.

Habington, W. 1634 [1895]. To my honoured friend Sir Ed. P. Knight. In *Castara*. London: A. Constable and Co.

Hanna, J. L. 2006. *Dancing for Health: Conquering and Preventing Stress*. Lanham, MD: AltaMira.

Heschel, A. J. 1955. *God in Search of Man: A Philosophy of Judaism*. New York: Farrar, Straus, Giroux.

Jarski, R. 2007. *Words from the Wise*. New York: Skyhorse Publishing.

Joyce, J. 2006. *Dubliners*. Clayton, DE: Prestwick House.

Kabat-Zinn, J. 1982. An outpatient program in behavioral medicine for chronic pain patients based on the practices of mindfulness meditation: Theoretical considerations and preliminary results. *General Hospital Psychiatry* 4(1):33-47.

Kabat-Zinn, J. 1990. *Full Catastrophe Living: Using the Wisdom of Your Body and Mind to Face Stress, Pain, and Illness*. New York: Delacourt.

Kabat-Zinn, J., A. Chapman, and P. Salmon. 1987. Relationship of cognitive and somatic components of anxiety to patient preference for different relaxation techniques. *Mind/Body Medicine* 2(3):101-110.

Kabat-Zinn, J., L. Lipworth, R. Burney, and W. Sellers. 1986. Four-year follow-up of a meditation-based program for the self-regulation of chronic pain: Treatment outcomes and compliance. *Clinical Journal of Pain* 2(3):159-173.

Kabat-Zinn, J., A. O. Massion, J. Kristeller, L. G. Peterson, K. Fletcher, L. Pbert, W. Linderking, and S. F. Santorelli. 1992. Effectiveness of a meditation-based stress reduction program in the treatment of anxiety disorders. *American journal of Psychiatry* 149(7):936-943.

Kabat-Zinn, J., E. Wheeler, T. Light, A. Skillings, M. Scharf, T. Cropley, D. Hosmer, and J. Bernhard. 1998. Influence of a mindfulness meditation-based stress reduction intervention on rates of skin clearing in patients with moderate to severe psoriasis undergoing phototherapy (UVB) and photochemotherapy (PUVA). *Psychosomatic Medicine* 60(5):625-632.

Kafka, F. 1946. *The Great Wall of China and Other Pieces*. London: Secker and Warburg.

King, M. L., Jr. 1981. *Strength to Love*. Philadelphia, PA: Fortress Press.

Lao-tzu. 1944. *The Way of Life According to Laotzu*, translated by W. Bynner. New York: John Day Company.

Lazar, S. W., C. E. Kerr, R. H. Wasserman, J. R. Gray, D. N. Greve, M. T. Treadway, et al. 2005. Meditation experience is associated with increased cortical thickness. *NeuroReport* 16(17):1893-1897.

Levey, J., and M. Levey. 2009. *Luminous Mind: Meditation and Mind Fitness.* San Francisco: Red Wheel.

Levine, S. 1987. *Healing Into Life and Death.* New York: Anchor Books.

Lewis, M. D., and R. M. Todd. 2005. Getting emotional: A neural perspective on emotion, intention, and consciousness. *Journal of Consciousness Studies* 12(8-10):210-235.

Lutz, A., J. Brefczynski-Lewis, T. Johnstone, and R. J. Davidson. 2008. Regulation of the neural circuitry of emotion by compassion meditation: Effects of meditative expertise. *PLoS One* 3(3):e1897.

Main, M., and R. Goldwyn. 1998. Adult attachment classification system. Unpublished manuscript. University of California, Berkeley.

Main, M., and J. Solomon. 1986. Discovery of an insecure-disorganized/disoriented attachment pattern. In T. B. Brazelton and M. W. Yogman, eds., *Affective Development in Infancy.* Norwood, NJ: Ablex Publishing.

Miller, J. J., K. Fletcher, and J. Kabat-Zinn. 1995. Three-year follow up and clinical implications of a mindfulness meditation-based stress reduction intervention in the treatment of anxiety disorders. *General Hospital Psychiatry* 17(3):192-200.

Moore, E., and K. Stevens. 2004. *Good Books Lately.* New York: Macmillan.

National Institute of Mental Health. 2008. The numbers count: Mental disorders in America. www.nimh.nih.gov/health/publications/the-numbers-count-mental-disorders-in-america/index.shtml#Intro. Accessed June 16, 2009.

Nelson, P. 1993. *There's a Hole in My Sidewalk: The Romance of Self-Discovery.* Hillsboro, OR: Beyond Words.

Nhat Hahn, T. 2001. *Anger: Wisdom for Cooling the Flames.* New York: Berkley Publishing.

Nhat Hanh, T. 2003. *Creating True Peace: Ending Violence in Yourself, Your Family, Your Community, and the World.* New York: Simon and Schuster.

Oliver, M. 1992. *New and Selected Poems.* Boston: Beacon Books.

Oman, M. (ed). 2000. *Prayers for Healing: 365 Blessings, Poems, and Meditations from Around the World.* Berkeley, CA: Conari Press.

Ornish, D. 1999. *Love and Survival: Eight Pathways to Intimacy and Health.* New York: HarperPerennial.

Parks, G. A., B. K. Anderson, and G. A. Marlatt. 2001. *Interpersonal Handbook of Alcohol Dependence and Problems.* New York: John Wiley.

Pattakos, A. 2008. *Prisoners of Our Thoughts: Viktor Frankl's Principles for Discovering Meaning in Life and Work.* San Francisco: Berrett-Koehler.

Powell, T. J., and S. Enright 1990. *Anxiety and Stress Management.* London: Routledge.

Rahula, W. 1974. *What the Buddha Taught.* New York: Grove Press.

Schore, A. 2003. *Affect Dysregulation and Disorders of the Self.* New York: W. W. Norton.

Segal, Z. V., J. M. G. Williams, J. D. Teasdale, and J. Kabat-Zinn. 2007. *The Mindful Way Through Depression.* New York: Guilford Press.

Shapiro, S., G. Schwartz, and G. Bonner. 1998. Effects of mindfulness-based stress reduction on medical and premedical students. *Journal of Behavioral Medicine* 21(6):581-589.

Shaver, P., and M. Mikulincer. 2002. Attachment-related psychodynamics. *Attachment and Human Development* 4(2):133-161.

Siegel, D. J. 2001. *The Developing Mind: How Relationships and the Brain Interact to Shape Who We Are.* New York: Guilford Press.

Siegel, D. J. 2007. *The Mindful Brain: Reflection and Attunement in the Cultivation of Well-Being.* New York: W. W. Norton.

Siegel, D. J. 2009. *Mindsight: The New Science of Personal Transformation.* New York: Bantam.

Thera, N. (translator). 2004. *The Dhammapada.* Whitefish, MT: Kessinger Publications.

Van Ijzendoorn, M. 1995. Adult attachment representations, parental responsiveness, and infant attachment: A meta-analysis on the predictive validity of the Adult Attachment Interview. *Psychological Bulletin* 117(3):387-403.

Walcott, D. 1976. *Sea Grapes.* London: Cape.

Welwood, J. P. 1998. *Poems for the Path.* Mill Valley, CA: Jennifer Paine Welwood.

Williams, R. J. 1956. *Biochemical Individuality.* New York: John Wiley and Sons.

正念減壓課程相關資訊

- 麻薩諸塞大學醫學中心正念減壓的課程，相關網址www.umassmed.edu/cfm/mbsr.
- 線上正念減壓課程社群網址www.mbsrworkbook.com
- 鮑伯・史鐸和依立夏・高斯坦帶領的「正念，焦慮和壓力計畫」相關網址www.aliveworld.com/shops/mh1/mindfulness-Anxiety-and-Stress.aspx
- 線上正念課程資訊，相關網址www.emindful.com
- 本書相關網址www.mbsrworkbook.com
- 鮑伯・史鐸的個人網站www.mindfulnessprograms.com
- 依立夏・高斯坦的個人網站www.drsgoldstein.com, www.elishagoldstein.com
- 心智和生命學院（Mind and Life Institute）網址: www.mindandlife.org
- Mindsight Institute website: www.mindsightinstitute.com
- www.mindfulnesstogether.com
- eMindful 網址：www.emindful.com

當下，繁花盛開

作者—喬・卡巴金
譯者—雷叔雲　定價—300元

心性習於自動運作，常忽略要眞切地去生活、成長、感受、去愛、學習。本書標出每個人生命中培育正念的簡要路徑，對想重拾生命瞬息豐盛的人士，深具參考價值。

有求必應

【22個吸引力法則】
作者—伊絲特與傑瑞・希克斯夫婦
譯者—鄧伯宸　定價—320元

想要如願以償的人生，關鍵就在於專注所願。本書將喚醒你當下所具備的強大能量，並帶領讀者：把自己的頻道調和到一心所求之處；善用吸引力心法，讓你成爲自己人生的創造者。

超越身體的療癒

作者—勞瑞・杜西
譯者—吳佳綺　定價—380元

意義如何影響心靈與健康？心識是否能超越大腦、時間與空間的限制，獨立運作？勞瑞・杜西醫師以實例與研究報告，爲科學與靈性的對話打開一扇窗。

不可思議的直覺力

【超感知覺檔案】
作者—伊麗莎白・羅伊・梅爾
譯者—李淑珺　定價—400元

知名精神分析師梅爾博士，耗費14年探究超感官知覺（ESP），從佛洛伊德有關心電感應的著作，到中情局關於遙視現象的祕密實驗。作者向我們揭露了一個豐富、奇幻的世界。

占星、心理學與四元素

【占星諮商的能量途徑】
作者—史蒂芬・阿若優
譯者—胡因夢　定價—260元

當代美國心理占星學大師阿若優劃時代的著作！本書第一部分以嶄新形式詮釋占星與心理學。第二部分透過風、火、水、土四元素的能量途徑，來探索本命盤所呈現的素樸秩序。

占星・業力與轉化

【從星盤看你今生的成長功課】
作者—史蒂芬・阿若優
譯者—胡因夢　定價—480元

富有洞見而又深具原創性的本書結合了人本占星學、榮格心理學及東方哲學，能幫助我們運用占星學來達成靈性與心理上的成長。凡是對自我認識與靈性議題有興趣的讀者，一定能從本書中獲得中肯的觀察。

心靈寫作

【創造你的異想世界】
作者—娜妲莉・高柏
譯者—韓良憶　定價—300元

在紙與筆之間，寫作猶如修行坐禪
讓心中的迴旋之歌自然流唱
尋獲馴服自己與釋放心靈的方法

狂野寫作

【進入書寫的心靈荒原】
作者—娜妲莉・高柏
譯者—詹美涓　定價—300元

寫作練習可以帶你回到心靈的荒野，看見內在廣闊的蒼穹。撞見荒野心靈、與自己相遇，會讓我們看到眞正的自己，意識與心靈不再各行其是，將要成爲完整的個體。

傾聽身體之歌

【舞蹈治療的發展與內涵】
作者—李宗芹　定價—280元

全書從舞蹈治療的發展緣起開始，進而介紹各種不同的治療取向，再到臨床治療實務運作方法，是國內第一本最完整的舞蹈治療權威書籍。

非常愛跳舞

【創造性舞蹈的新體驗】
作者—李宗芹　定價—220元

讓身體從累贅的衣服中解脫，用舞蹈表達自己內在的生命，身體動作的力量遠勝於人的意念，創造性舞蹈的精神即是如此。

身體的情緒地圖

作者—克莉絲汀・寇威爾
譯者—廖和敏　定價—240元

身體是心靈的鑰匙，找回身體的感覺，就能解開情緒的枷鎖，釋放情感，重新尋回健康自在。作者是資深舞蹈治療師，自1976年來，運用獨創的「動態之輪」，治癒了無數身陷情緒泥淖的人。

敲醒心靈的能量

【迅速平衡情緒的思維場療法】
作者—羅傑・卡拉漢、理查・特魯波
譯者—林國光　定價—320元

在全世界，思維場療法已經證明對75%至80%的病人的身心產生恆久的療效，成功率是傳統心理治療方法的許多倍。透過本書，希望讀者也能迅速改善情緒，過著更平衡的人生。

心靈工坊 PsyGarden

探索身體，追求智性，呼喊靈性，
擧向更高遠的意義與價值
是幸福，是恩典，更是內在心靈的基本需求，
企求穿越回歸眞我的旅程

Holistic

綠野仙蹤與心靈療癒
【從沙遊療法看歐茲國的智慧】

作者—吉妲·桃樂絲·莫瑞那
譯者—朱惠英、江麗美　定價—280元

心理治療師吉妲·桃樂絲·莫瑞那從童話故事《綠野仙蹤》中的隱喻出發，藉由故事及角色原型，深入探索通往人們心理的療癒之路。本書作者莫瑞那是《綠野仙蹤》原作者李曼，法蘭克，包姆的曾孫女，她爲紀念曾祖父贈與這世界的文學大禮，特地於此書中詳載《綠野仙蹤》的創作背景、家族故事及影響。

覺醒風
【東方與西方的心靈交會】

作者—約翰·威爾伍德
譯者—鄧伯宸　定價—450元

東方的禪修傳統要如何與西方的心理治療共治一爐，帶來新的覺醒？資深心理治療師約翰·威爾伍德提供了獨到的見解，同時解答了下列問題：東方的靈性修行在心理健康方面，能夠帶給人什麼樣的啓發？追求靈性的了悟對個人的自我會帶來什麼挑戰，並因而產生哪些問題？人際關係、親密關係、愛與情欲如何成爲人的轉化之鑰？

教瑜伽·學瑜伽
【我們在這裡相遇】

作者—多娜·法喜
譯者—余麗娜　定價—250元

本書作者是當今最受歡迎的瑜伽老師之一，她以二十五年教學經驗，告訴你如何找對老師，如何當個好老師，如何讓瑜伽成爲幫助生命轉化的練習。

瑜伽之樹

作者—艾揚格
譯者—余麗娜　定價—250元

艾揚格是當代重量級的瑜伽大師，全球弟子無數。本書是他在歐洲各國的演講結集，從瑜伽在日常生活中的實際運用，到對應身心靈的哲理沉思，向世人傳授這門學問的全貌及精華。

凝視太陽
【面對死亡恐懼】

作者—歐文·亞隆
譯者—廖婉如　定價—320元

你曾面對過死亡嗎？你是害怕死亡，還是怨恨沒有好好活著？請跟著當代存在精神醫學大師歐文?亞隆，一同探索關於死亡的各種疑問，及其伴隨的存在焦慮。

生命的禮物
【給心理治療師的85則備忘錄】

作者—歐文·亞隆
譯者—易之新　定價—350元

當代造詣最深的心理治療思想家亞隆認爲治療是生命的禮物。他喜歡把自己和病人看成「旅程中的同伴」，要攜手體驗愉快的人生，也要經驗人生的黑暗，才能找到心靈回家之路。

日漸親近
【心理治療師與作家的交流筆記】

作者—歐文·亞隆、金妮·艾肯
審閱—陳登義　譯者—魯宓　定價—320元

本書是心理治療大師歐文·亞隆與他的個案金妮共同創作的治療文學，過程中兩人互相瞭解、深入探觸，彼此的坦承交流，構築出這部難能可貴的書信體心理治療小說。

心態決定幸福
【10個改變人生的承諾】

作者—大衛·賽門
譯者—譚家瑜　定價—250元

「改變」爲何如此艱難？賽門直指核心地闡明人有「選擇」的能力，當你承認你的「現實」是某種選擇性的觀察、解讀、認知行爲製造的產物，便有機會意志清醒地開創自己的人生。

鑽石途徑 I

【現代心理學與靈修的整合】
作者—阿瑪斯
策劃、翻譯—胡因夢　定價—350元

阿瑪斯發展出的「鑽石途徑」結合了現代深度心理學與古代靈修傳統，幾乎涵蓋人類心靈發展的所有面向。這個劃時代的整合途徑，將帶來有別於傳統的啓蒙和洞識。

鑽石途徑 II

【存在與自由】
作者—阿瑪斯　譯者—胡因夢　定價—280元

開悟需要七大元素——能量、決心、喜悅、仁慈、祥和、融入和覺醒。這些元素最後會結合成所謂的鑽石意識，使我們的心靈散發出閃亮剔透的光彩！

鑽石途徑 III

【探索眞相的火焰】
作者—阿瑪斯　譯者—胡因夢　定價—260元

你是誰？爲什麼在這裡？又將往哪裡去？這些問題像火焰般在你心中燃燒，不要急著用答案來熄滅它，就讓它燒掉你所有既定的信念，讓這團火焰在你心中深化；讓存在變成一個問號，一股熱切的渴望。

鑽石途徑 IV

【無可摧毀的純眞】
作者—阿瑪斯　譯者—胡因夢　定價—420元

在本系列最深入的《鑽石途徑IV》中，阿瑪斯提出個人本體性當在剝除防衛、脫離表相、消除疆界後，進入合一之境，回歸處子的純眞狀態，讓知覺常保煥然一新，在光輝熠熠的實相中，看見鮮活美好的世界。

萬法簡史

作者—肯恩．威爾伯
譯者—廖世德　定價—520元

這本書要說的是——世界上每一種文化都是重要的部分眞理，若能把這些部分眞理拼接成繁美的織錦，便可幫助你我找出自己尚未具備的能力，並將這份潛能轉譯成高效能的商業、政治、醫學、教育、靈性等活力。

生命之書

【365日的靜心冥想】
作者—克里希那穆提
譯者—胡因夢　定價—400元

你可曾安靜地坐著，既不專注於任何事物，也不費力地集中注意力？若是以這種方式輕鬆自在地傾聽，你就會發現心在不強求的情況下產生了驚人的轉變。

關係花園

作者—麥基卓、黃焕祥
譯者—易之新　定價—300元

關係，像一座花園，需要除草、灌溉、細心長久的照料。健康的花園充滿能量，生機盎然，完美的親密關係也一樣，可以滋養每一個人，讓彼此都有空間成長、茁莊。

健康花園

作者—麥基卓、黃焕祥
譯者—魯宓　定價—240元

你是否覺得自己孤單、憂鬱、不滿足與無所依靠？爲了想讓自己過得健康快樂，你也許已經向外嘗試不同的解決之道。但是，其實不需要改變外在世界就可以活得更健康，關鍵在於，你要能夠改變內在的你。

生命花園

作者—黃焕祥、麥基卓
譯者—陶曉清、李文瑗、殷正洋、張亞輝
姚黛瑋
定價—450元

我們每一個人的功課，就是要去找到屬於自己的，通往自由、負責、健康與快樂的路徑，一個能眞正滋養自我的心靈花園。

存在禪

【活出禪的身心體悟】
作者—艾茲拉．貝達
譯者—胡因夢　定價—250元

我們需要一種清晰明確的實修方式，幫助我們在眞實生命經驗中體證自己的身心。本書將引領你進入開闊的自性，體悟心中本有的祥和及解脫。

箭術與禪心

作者—奧根．海瑞格
譯者—魯宓　定價—180元

海瑞格教授爲了追求在哲學中無法得到的生命意義，遠渡重洋來到東方的日本學禪，他將這段透過箭術習禪的曲折學習經驗，生動地記錄下來，篇幅雖短，卻難能可貴地以文字傳達了不可描述的禪悟經驗。

耶穌也說禪

作者—梁兆康
譯者—張欣雲、胡因夢　定價—360元

本書作者試圖以「禪」來重新詮釋耶穌的教誨，在他的筆下，耶穌的日常生活、他所遇到的人以及他與神的關係，都彷彿栩栩如生地呈現在我們的眼前；頓時，福音與耶穌的話語成爲了一件件禪宗公案與思索的主題。

生命不再等待

作者—佩瑪・丘卓　審閱—鄭振煌
譯者—雷叔雲　定價—450元

本書以寂天菩薩所著的《入菩薩行》爲本，配以佩瑪・丘卓既現代又平易近人的文字風格；她引用經典、事例，沖刷掉現代生活的無明與不安；她也另外調製清新的配方，撫平現代人的各種困惑與需求。

當生命陷落時
【與逆境共處的智慧】

作者—佩瑪・丘卓
譯者—胡因夢、廖世德　定價—200元

生命陷落谷底，如何安頓身心、在逆境中尋得澄淨的智慧？本書是反思生命、當下立斷煩惱的經典作。

轉逆境爲喜悅
【與恐懼共處的智慧】

作者—佩瑪・丘卓
譯者—胡因夢　定價—230元

以女性特有的敏感度，將易流於籠統生硬的法教，化成了順手拈來的幽默譬喻，及心理動力過程的細膩剖析。她爲人們指出了當下立斷煩惱的中道實相觀，一條不找尋出口的解脫道。

不逃避的智慧

作者—佩瑪・丘卓
譯者—胡因夢　定價—250元

繼《當生命陷落時》、《轉逆境爲喜悅》、《與無常共處》之後，佩瑪再度以珍珠般的晶瑩語句，帶給你清新的勇氣，及超越一切困境的智慧。

無盡的療癒
【身心覺察的禪定練習】

作者—東杜仁波切
譯者—丁乃竺　定價—300元

繼《心靈神醫》後，作者在此書中再次以身心靈治療爲主、教授藏傳佛教中的禪定及觀想原則；任何人都可藉由此書習得用祥和心修身養性、增進身心健康的方法。

十七世大寶法王

作者—讓保羅・希柏　審閱—鄭振煌、劉俐
譯者—徐筱玥　定價—300元

在達賴喇嘛出走西藏四十年後，年輕的十七世大寶法王到達蘭薩拉去找他，準備要追隨他走上同一條精神大道，以智慧及慈悲來造福所有生靈。

大圓滿

作者—達賴喇嘛
譯者—丁乃竺　定價—320元

「大圓滿」是藏傳佛教中最高及最核心的究竟眞理。而達賴喇嘛則是藏傳佛教的最高領導，一位無與倫比的佛教上師。請看達賴喇嘛如何來詮釋和開示「大圓滿」的精義。

108問，與達賴喇嘛對話

作者—達賴喇嘛
對談人—費莉絲塔・蕭恩邦　定價—240元

作者以深厚的見解，介紹佛教哲理、藏傳佛教的傳承，及其對西方現代世界的重要性，對於關心性靈成長，以及想了解佛教和達賴喇嘛思想精華的讀者，這是一本絕佳的入門好書！

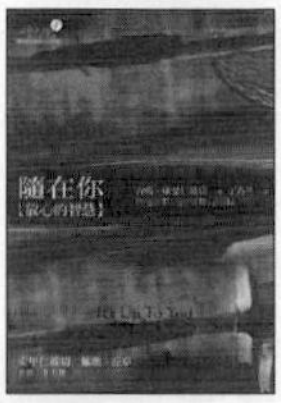

隨在你

作者—吉噶・康楚仁波切
譯者—丁乃竺　定價—240元

心就像一部電影，外在世界的林林總總和紛飛的念頭情緒，都是投射於其上的幻影。如果我們可以像看電影般地看待自己的生命，就可以放鬆心情，欣賞演出，看穿現象的流動本質，讓妄念自然來去。

當囚徒遇見佛陀

作者—圖丹・卻准
譯者—雷叔雲　定價—250元

多年來，卻准法師將佛法帶進美國各地重刑監獄。她認爲，佛陀是一流的情緒管理大師，可以幫助我們走出情緒的牢籠。

病床邊的溫柔

作者—范丹伯
譯者—石世明　定價—150元

本書捨棄生理或解剖的觀點，從病人受到病痛的打擊，生命必須面臨忽然的改變來談生病的人遭遇到的種種問題，並提出一些訪客箴言。

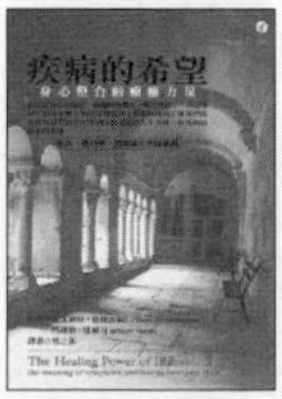

疾病的希望
【身心整合的療癒力量】

作者—托瓦爾特・德特雷福仁、
　　　呂迪格・達爾可
譯者—易之新　定價—360元

把疾病當成最親密誠實的朋友，與它對話——因爲身體提供了更廣的視角，讓我們從各種症狀的痛苦中學到自我療癒的人生功課。

心靈工坊 PsyGarden

Holistic 068

減壓，從一粒葡萄乾開始：正念減壓療法練習手冊

A Mindfulness-Based Stress Reduction Workbook

作者——鮑伯・史鐸 (Bob Stahl, Ph.D.)、
依立夏・高斯坦 (Elisha Goldstein, Ph.D.)
譯者——雷叔雲
正念減壓療法練習MP3 CD引導——李燕蕙、陳德中

出版者—心靈工坊文化事業股份有限公司
發行人—王浩威　總編輯—王桂花
特約編輯—賴慧明
封面設計—薛好涵　內文排版—李宜芝
通訊地址—106台北市信義路四段53巷8號2樓
郵政劃撥—19546215　戶名—心靈工坊文化事業股份有限公司
電話—（02）2702-9186　傳真—（02）2702-9286
E-mail—service@psygarden.com.tw　網址—www.psygarden.com.tw

製版・印刷—中茂分色製版印刷事業股份有限公司
總經銷—大和書報圖書股份有限公司
電話—（02）8990-2588　傳真—（02）2290-1658
通訊地址—248新北市新莊區五工五路2號（五股工業區）
初版一刷—2012年1月　初版九刷—2021年1月
ISBN—978-986-6112-28-7　定價—480元

國家圖書館出版品預行編目資料

減壓，從一粒葡萄乾開始：正念減壓療法練習手冊 / 鮑伯.史鐸(Bob Stahl), 依立夏.高斯坦(Elisha Goldstein)作；
雷叔雲譯. -- 初版. -- 臺北市：心靈工坊文化, 2012.01
面；　公分. -- (Holistic ; 68)
譯自：A mindfulness-based stress reduction workbook

ISBN 978-986-6112-28-7(平裝附光碟片)

1.抗壓 2.壓力 3.佛教修持

176.54　　100024422

心靈工坊 PsyGarden 書香家族 讀友卡

感謝您購買心靈工坊的叢書，爲了加強對您的服務，請您詳塡本卡，
直接投入郵筒（免貼郵票）或傳眞，我們會珍視您的意見，
並提供您最新的活動訊息，共同以書會友，追求身心靈的創意與成長。

書系編號－HO068　　減壓，從一粒葡萄乾開始：正念減壓療法練習手冊

姓名　　是否已加入書香家族？□是 □現在加入

電話（公司）　　（住家）　　手機

E-mail　　生日　　年　　月　　日

地址 □□□

服務機構／就讀學校　　職稱

您的性別—□1.女 □2.男 □3.其他

婚姻狀況—□1.未婚 □2.已婚 □3.離婚 □4.不婚 □5.同志 □6.喪偶 □7.分居

請問您如何得知這本書？

□1.書店 □2.報章雜誌 □3.廣播電視 □4.親友推介 □5.心靈工坊書訊
□6.廣告DM □7.心靈工坊網站 □8.其他網路媒體 □9.其他

您購買本書的方式？

□1.書店 □2.劃撥郵購 □3.團體訂購 □4.網路訂購 □5.其他

您對本書的意見？

封面設計	□ 1.須再改進	□ 2.尚可	□ 3.滿意	□ 4.非常滿意
版面編排	□ 1.須再改進	□ 2.尚可	□ 3.滿意	□ 4.非常滿意
內容	□ 1.須再改進	□ 2.尚可	□ 3.滿意	□ 4.非常滿意
文筆／翻譯	□ 1.須再改進	□ 2.尚可	□ 3.滿意	□ 4.非常滿意
價格	□ 1.須再改進	□ 2.尚可	□ 3.滿意	□ 4.非常滿意

您對我們有何建議？

▲您的意見，我們將轉貼在心靈工坊網站上，www.psygarden.com.tw

廣告回信
台北郵局登記證
台北廣字第1143號
免貼郵票

心靈工坊 PsyGarden

台北市106 信義路四段53巷8號2樓

讀者服務組　收

免貼郵票

（對折線）

加入心靈工坊書香家族會員
共享知識的盛宴，成長的喜悅

請寄回這張回函卡（免貼郵票），
您就成爲心靈工坊的書香家族會員，您將可以——

⊙隨時收到新書出版和活動訊息

⊙獲得各項回饋和優惠方案